名画で読み解く

ハプスブルク家 12の物語

中野京子

光文社新書

はじめに

ハプスブルク王朝は中世から二十世紀初頭まで、約六五〇年という類のない長命を保った。その間、神聖ローマ帝国の皇帝位をほぼ独占、欧州中心部に位置し、周囲の国々と積極的に婚姻関係を結んで網の目状に領土を拡大、まさにヨーロッパ史の核であり基底部を成していたといって過言ではない。

これほどの長さと広さであるから、人物も事件も大長編小説なみに波瀾万丈となるのは必定だ。

ハプスブルク二大美女のひとりマリー・アントワネットはギロチン台にひきすえられ、もうひとりのエリザベート皇后はアナーキストに刺し殺された。フェリペ二世は軍拡と異端審問によって世界史的ヒール（悪役）として不動だし、血族結婚くり返しの果てに生まれたカルロス二世はスペイン・ハプスブルク家を消滅させた。嫌々ながらナポレオン・ボナパルトに嫁いだマリー・ルイーズはナポレオン二世を産み、フランツ・ヨーゼフの弟マクシミリアンは、はるばるメキシコ皇帝となったものの銃殺……。

数多《あまた》のハプスブルク関連書が読まれ続けているのは、こうした歴史と人間の織りなす華やかで血みどろの錯綜した世界が、あるときは限りないロマンをかきたて、あるときは身の毛もよだつ恐怖を与え、さらには現代のヨーロッパ統合とも二重写しになるからだろう。

帝国はまた、多くの芸術作品の背景ともなってきた。オペラにはヴェルディ『ドン・カルロ』（原作はシラー）、伝記にツヴァイク『マリー・アントワネット』、ミュージカルにリーヴァイ『エリザベート』といった傑作があるように、絵画作品においても、デューラー、ティツィアーノ、ベラスケス、グレコといった天才たちが絵筆をふるっている。

本書は、それらの名画を読み解きながら、ハプスブルク帝国史の一端をうかがう試みである。

小さな試みだが、大きな偏りが出るだろう。なぜなら錚々《そうそう》たる画家を輩出し引き寄せたスペインに対し、あくまで「耳の人」（＝音楽の人）で「眼の人」（＝絵画の人）ではないドイツ語圏内には、近・現代以前の美術史に残る画家といえば、デューラーとクラナッハくらいしかいなかったからだ。おかげでオーストリア・ハプスブルク系統には名画と呼べるものが少なく、ハプスブルクを代表する女傑マリア・テレジアでさえ、全く残念なことに価値ある肖像画を一枚も残していない。

ともあれ、それはそれで文化史的偏りと諦めるしかないだろう。デューラーからマネに至る十二点の作品から、画家の鋭い眼差《まなざ》しを通した傑物《けつぶつ》たちの存在感を受けとめ、画面で語られる歴史の驚きと不思議を味わっていただければ嬉しい。

目次

ハプスブルク家系図(抄)

(注) [網掛け] →スペイン・ハプスブルク家
本書の記述に関連する人物のみ収録しており、特に詳しく取り上げる人物には生没年を付した。

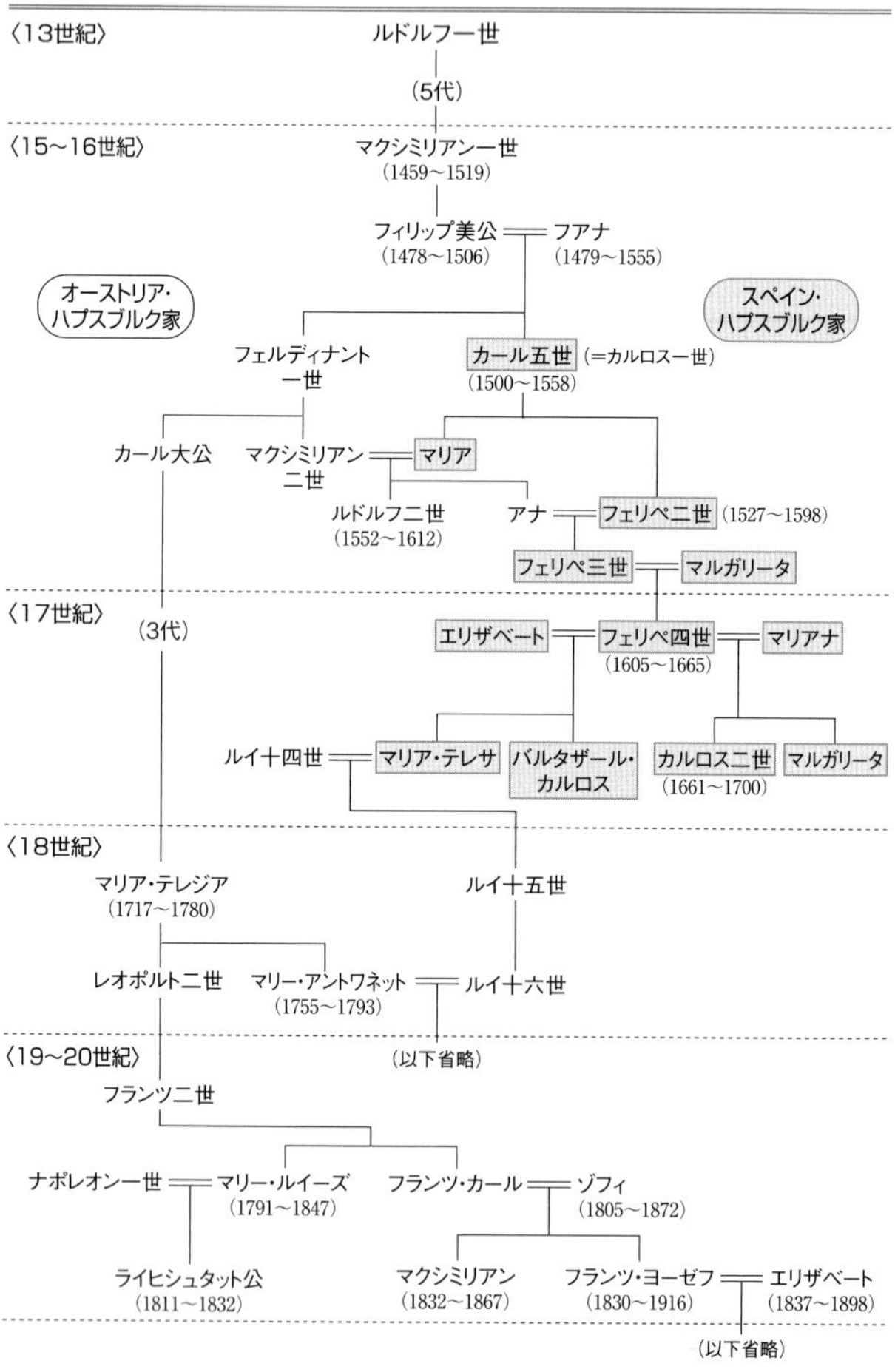

序章

カール五世の紋章（ハプスブルク家のシンボル、
双頭の鷲が描かれている）

青い血の一族

ハプスブルク家の人々は、自らを神に選ばれた特別な存在として高貴な青い血を誇ったが、その裏付けは、五つの宗教と十二の民族を何世紀もの長きにわたって束ね続け、神聖ローマ帝国皇帝の座をほぼ独占してきたという自信であった。

王朝の支配権は、現オーストリア、ドイツ、スペイン、イタリア、ベルギー、オランダ、チェコ、ポーランド、ハンガリー、ルーマニア、ポルトガル、ブラジル、メキシコ、カリフォルニア、インドネシアにまで及んだ。ひとりでもっとも多くの国の君主を兼ねたのもハプスブルク家で、カール五世はヨーロッパ史上最多の七十以上の肩書きを持ったし、マリア・テレジアの正式称号も、「オーストリア女大公、兼シュタイアマルク女公、兼ケルンテン女公、兼チロル女伯、兼ボヘミア女王、兼ハンガリー女王……」と、「兼」が延々四十以上つらなっていた。またフランツ・ヨーゼフが戴冠した十九世紀半ば、帝国末期でさえ、なお領地面積はロシアをのぞいてヨーロッパ最大だった。

かくも強大なこの一族の源流はといえば、意外やオーストリアでもドイツでもなく、十世紀末ころスイス北東部の片田舎にあらわれた弱小の豪族である。その豪族から二、三代経た十一世紀初め、「ハービヒツブルク城 Habichtsburg」が建てられた（城砦の一部がスイスのブルックに現存している)。ハービヒト Habicht は「大鷹」、ブルク Burg は「砦」「城砦」の意で、ここからハプスブルク Habsburg の名称が生まれたらしい。いずれにせよ十二世紀に入り、この城を本拠とする子孫がハプスブルク伯爵を名乗り、当時点をもってハプスブルク家の始まりとされる。

現存するハービヒツブルク城

「伯爵」だが、これは今でいう爵位と違い、混沌とした領地分捕り合戦時代における、多分に名乗った者勝ちの手前勝手なものであったろう。しかしたとえそうだとしても、伯爵と称して周囲を納得させられるだけの力を、一族はすでにこの頃つけていた証《あかし》とはいえる。実際、領地は飛び地の寄せ集めとはいえ、バーゼルを含むライン川上流一帯を中心にかなり増えていた。

それからさらに百年を経過した、十三世紀初頭。未だ田舎の貧しい豪族、ハプスブルク伯ルドルフに、まさに運命の転換点と言うべきビッグチャンスがめぐってくる。神聖ローマ帝国皇帝の座だ。

13世紀半ばのハプスブルク家勢力図

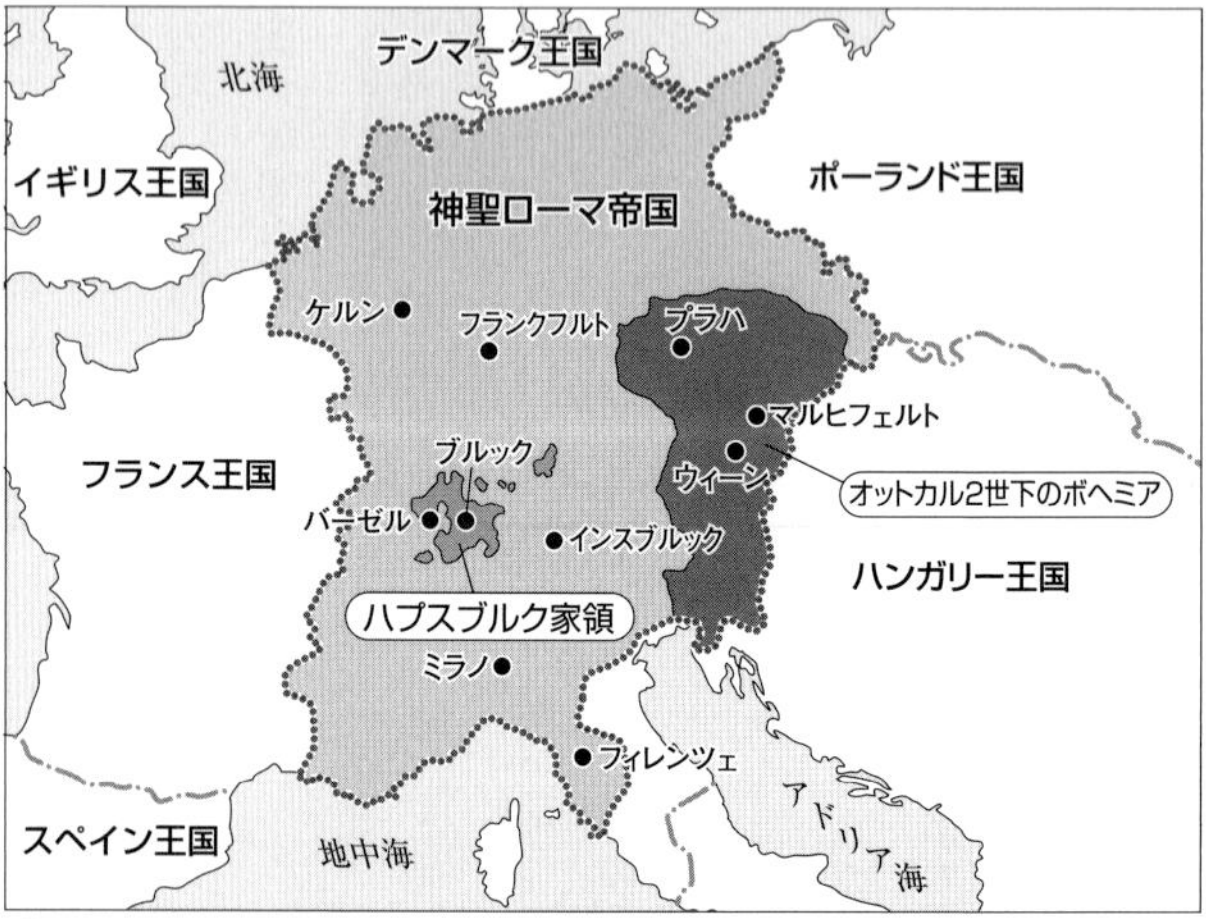

神聖ローマ帝国の威光

それにしてもまず「神聖ローマ帝国」とは何か、説明する必要があるだろう。「帝国」とは複数の民族と国家を統合した君主国のことで、「神聖」とは要するにローマ教皇から加冠してもらい、カトリックの盟主たるお墨付きを得たということだ。九六二年にオットー一世が戴冠して始まったこの帝国は、ドイツ国（北部イタリアを含む）の王が自動的にローマ教皇から皇帝位を受け、いつの日か全イタリアを領有して古代ローマ帝国を再現しよう、との見果てぬ夢の名称と言い換えていいかもしれない。

ちなみにナチスはこの神聖ローマ帝国（九

六二〜一八〇六）を「第一帝国」、続くプロイセンのビスマルク時代（一八七一〜一九一八）を「第二帝国」、そして一九三四年から始まるヒトラー独裁国家（〜一九四五）を「第三帝国」と呼んだ。ドイツ民族の理想国家建設を目指して命名したわけだが、誰もが知るとおり、無惨な結果に終わっている。

十三世紀へ話をもどすと、ドイツは依然として建前上は神聖ローマ帝国の支配下にあることになっていた。ところが実態は戦国時代の日本と同じ群雄割拠状態、諸侯が足の引っ張りあいをし続けているため、なかなか中央集権国家が築けない。それどころか、力で国をまとめる英雄的皇帝が出現しないものだから、ドイツ王、即《すなわ》ち神聖ローマ皇帝の座は、世襲ではなく有力諸侯七人（選帝侯）による選挙で決められることになった。

後世のヴォルテールが、「神聖でもなくローマ的でもなく、そもそも帝国ですらない」と皮肉ったように、神聖ローマ帝国はとっくに名目上の呼び名でしかなく、皇帝になったからといって領土が増えるわけでも集中的な権力を得られるわけでもなかった。

しかし面白いもので、いくら名目上とは言っても、カトリックの権威と古代ローマ帝国の継承を結合させたこの象徴的呼称には、やはり絶大な心理的威光があった。富とも権力とも直接には結びつかないが、いちおうヨーロッパ最高位（「皇帝」は「王の中の王」の意である）ということで、名誉としてはこれほど輝かしいものはなく――乱暴すぎる喩《たと》えかもしれないが、ドイツ内の諸国を現代のイギリス、ロシア、中国、日本など各国になぞらえれば、皇帝の地位はアメリカ大統領兼国連事務総長のようなものか――、だからこそ皇帝位をめぐって熾烈《しれつ》な駆け引きがくり広げられたのである。

選帝侯たちは誰かひとりが傑出するのを望まず、なんのかのと理由をつけ、ドイツ王の選定を先送りし続けた。ローマ教皇がたびたび催促したにもかかわらず、呆《あき》れたことに二十年間も帝位を空白のまま放置（「大空位時代」）。ついに痺《しび》れをきらした教皇が、それなら自分が指名しよう、と乗り出すに及んで、仕方なく人選を始め、できる限り無能で、こちらの言いなりになる男、という基準で選んだのが……ハプスブルク伯ルドルフ、という次第。

皇帝位をめぐる戦い

選帝侯たちにとってルドルフは、うってつけの人間に思えた。アルプスの痩《や》せた領土しかない成り上がり者で、おまけに五十五歳と高齢、大した財産もないから戦争能力に乏しく、皇帝の名を投げ与えてやれば、無給の名誉職でもきゃんきゃん尻尾を振って忠義を尽くし、どう間違っても他の諸侯の脅威にはならないだろう。

知らないということは恐ろしい。この時点では誰ひとりルドルフの野心と底力に気づいた者はいなかった。だがまもなくそれがわかる時が来る。

当時、急速に勢力を伸ばしてきていたボヘミア王オットカル二世が――この有能なオットカルこそ、選帝侯たちが絶対に皇帝にさせたくない相手だった――、ルドルフの戴冠に異議を唱え、ローマ教皇に直訴して曰《いわ》く、ハプスブルク家など、どこの馬の骨ともしれぬ一族は、帝位にふさわしくありません！

ルドルフ一世

教皇がその点を選帝侯たちに問いただすと、彼らはルドルフのカトリック信仰の深さを持ち出して弁護した。一方ルドルフはといえば、ちょうどこの時バーゼル大司教と交戦のまっ只中だったが、千載一遇のチャンスを逃してはならじと即座に講和して、戴冠のためかけ戻った（本能寺の変を知って、ただちに兵を引きあげた秀吉と同じだ）。こうして一介の田舎伯爵が神聖ローマ皇帝ルドルフ一世へと変身。ここにハプスブルク王朝の第一歩が、棚ボタ式僥倖《ぎょうこう》によって（よろよろとだが）踏み出されたのである。

ただしオットカル二世との確執は年々深まってゆく。このボヘミア王は数年前、オーストリア領主に世継ぎのないのに乗じてウィーンを陥落させており、ルドルフ一世が返還要求しても意に介さなかった。神聖ローマ皇帝に堂々と反旗を翻《ひるがえ》したのだ、もはや叩《たた》き潰《つぶ》すしかない——ルドルフの決意に選帝侯たちも賛成してくれたが、口で応援するだけで手を貸そうとはせず、高みの見物を決め込まれてしまう。彼らにとっては、ルドルフのお手並み拝見、むしろ共倒れして領地分割できれば、もっとも都合がよかったであろう。

かくして戴冠五年後の一二七八年、ウィーン北東のマルヒフェルトで、名ばかりの皇帝に率いられた貧弱な軍隊と、名門で財政豊かな王に率いられた大軍隊は激突する。大方の予想は、ルドルフに勝ち目なしというものだった。戦端が開かれてすぐ、老いたルドルフは情けなくも落馬し、あわや予想どおりになるかと思われた。だが王朝を維持できるかどうかの境目の彼は、死に物狂いでまた馬によじのぼり、戦いは互角で推移する。

最後はルドルフが勝つわけだが、それは信心深い彼に神の御加護があったから——ハプスブルク家はそう信じているようだが（ルドルフは後に身内から「神君」と呼ばれる）、実際には、桶狭間《おけはざま》なみの意表を突く奇襲作戦が奏功したにすぎない。

マルヒフェルトの戦い（1278年）

このころの戦場というのは通常、「やあ、やあ、遠からん者は音にも聴け、近くば寄って目にも見よ」の世界だった。騎士同士のかなり様式化した戦いといえよう。ルドルフはそれでは絶対負けると知っていた。そこで五、六十騎の伏兵を用意し、敵の油断を見すまし、途中いきなり側面攻撃をかけさせた。革命的兵法というべきか、騎士とも思えぬ、まさに「どこの馬の骨とも知れぬ」卑怯な戦い方というべきか、がむしゃらで美意識も何もあったものではない、ただもう勝つことのみに全てを凝集させる戦法だ。

ふいを突かれたオットカルは戦死、敵は総崩れになった。

無能な田舎の老人と侮《あなど》っていた選帝侯たちは、さぞや焦ったことだろう。ルドルフ一世はこの戦い

神聖ローマ帝国帝冠

でボヘミアを手中にし、まもなくオーストリア一帯も自領にすると、スイスの山奥からオーストリアへ本拠地を移した。その後彼はイタリアには全く固執せず、ただただハプスブルク王朝の拡大維持を第一目標とし、神聖ローマ皇帝の座をハプスブルクの世襲とすべく、残り十年の余命を使って奮戦するのである。

ルドルフ一世という破格の人間がいなければ、ハプスブルク家はアルプス地方の一領主にとどまったまま、歴史の表舞台に飛び出ることはなかっただろう。

どんな王朝でも始祖は強烈なものだが、ルドルフの年齢や立場を考えた時、ハプスブルク王朝成立の経過はとりわけ奇蹟的に感じられる。これがあればこそ六五〇年もの王朝維持

——徳川幕府二六五年、ロシアのロマノフ王朝三〇〇年と比較しただけでその凄《すご》さがわかる——という、まことの奇蹟が生じたのではないかと思われるのだ。

第1章

アルブレヒト・デューラー『マクシミリアン一世』

（一五一九年、油彩、ウィーン美術史美術館、七四×六二㎝）

POTENTISSIMVS·MAXIMVS·ET·INVICTISSIMVS·CÆSAR
QVI·CVNCTOS·SVI·TEMPORIS·REGES·ET·PRINCIPES·IVSTICIA
MAGNANIMITATE·LIBERALITATE·PRÆCIPVE·VERO·BELLICA
ANIMI·FORTIDVDINE·SVPERAVIT·NATVS·EST·ANNO·SALVTIS
M·CCCC·LIX·DIE·MARCII·IX·VIXIT·ANNOS·LIX·MENSES·IX
DECESSIT·VERO·ANNO·M·D·XIX·MENSIS·IANVARII·DIE·XII
OPT·MAX·IN·NVMERVM·VIVENCIVM·REFRRE·VELIT·

騎士にして芸術家、黄金に輝く王

ルドルフ一世の大奮闘によって、ハプスブルク家は以前とは比べものにならないくらい強大になった。とはいえ神聖ローマ皇帝の座がすんなり世襲になるほど、世の中は甘くない。むしろ選帝侯たちはハプスブルク家を警戒しはじめ、ルドルフの息子だけは決して皇帝にさせてはならじと一致団結する。

そこで皇帝位は他家へわたり、しかしすぐ息子が奪還し、そのため暗殺され、また他家に取られ、孫が奪い返し、戦争になり、また曾孫が……と、ラグビーのボールのごとく、あっちへいったりこっちへいったりをくり返し、安定的にハプスブルク家所有となるまでに、何と一五〇〇年もかかってしまう。

そのさらに五〇年を経た十五世紀末、ドイツ王、兼神聖ローマ皇帝の座についたマクシミリアン一世こそ、久々にハプスブルク家が輩出した英雄であった。

「中世最後の騎士」――マクシミリアン一世がこう讃《たた》えられたのは、治世二十六年のうち二十五回も遠征をおこない、しかもその戦の際にはご先祖のように奇襲作戦を取るのではなく、常に自ら最前線へ立ち、正々堂々と騎士らしく戦ったためである。また多くの傭兵を用い（「傭兵制度の父」とも呼ばれた）、彼らに一定の臣従を求め、あくまで戦争は手段と割り切ることができた。領土をブルゴーニュ、スペイン、ハンガリーへと拡げ、国号も「〈ドイツ国民の〉神聖ローマ帝国」と改称して、古代ローマ帝国再建よりドイツ語圏におけるハプスブルク王朝強化を鮮明にするとともに、実際、ヨーロッパ有数の名家に押し上げた。

さらにこの勇猛果敢な騎士は「ドイツ最初のルネサンス人」でもあり、人文主義者や芸術家たちを庇護し、自分でも詩作したことで知られる。現在のウィーン少年合唱団の基礎となる、宮廷礼拝堂少年聖歌隊を創設したのも彼だった。

現存する「黄金の小屋根」

宮廷はウィーンではなくインスブルック（岩塩の産地で財政上有利だった）に置いたので、このチロルの小さな町には今も栄華の名残の「黄金の小屋根」が、観光スポットとして残っている。これは広場でおこなわれる馬上槍試合を観戦するため、もとからあった領主館にマクシミリアン一世が増築させたバルコニーで、その屋根の二六五七枚もの銅板全部に金箔を貼らせたのだ。効果は絶大だった。太陽を照り返して燦然《さんぜん》と輝く光は、バルコニーに立つ皇帝の姿を黄金でまぶし、人々はその神々しさに思わずひれ伏したくなったろう。

かくも老練な政治家マクシミリアン一世が、芸術をプロパガンダとして利用しないはずがなく、当時すでに名声高かったアルブレヒト・デューラーに、『凱旋門』『凱旋車』といった大木版画や、臣下に配るための祈禱書《きとうしょ》の挿絵などを継続的に注文している。パトロンとしては資金不足——戦争続きでアウグスブルクの豪商フッガー家から多額の借財をしているありさま——だったから、デューラーをいわゆる宮廷画家として丸抱えするまでには至らず、油絵の大作はついに依頼できなかった。しかし、ハプスブルクの威光を安価で大量に広めるには、かえって版画（全部で千種類と言われる）の方が効果大だったかもしれない。

死後の絵が語るもの

さて、『マクシミリアン一世』像。これは皇帝直々《じきじき》の依頼による油彩肖像画で、サイズこそ七四センチ×六二センチと小型だが、モデルの風格の大きさを示す名品である。

二度もイタリアへ行き、現地のルネサンス絵画を学んで帰ったデューラーは、鋭く執拗な

デューラー『凱旋門』(1515年)

デューラー『凱旋車』(1522年)

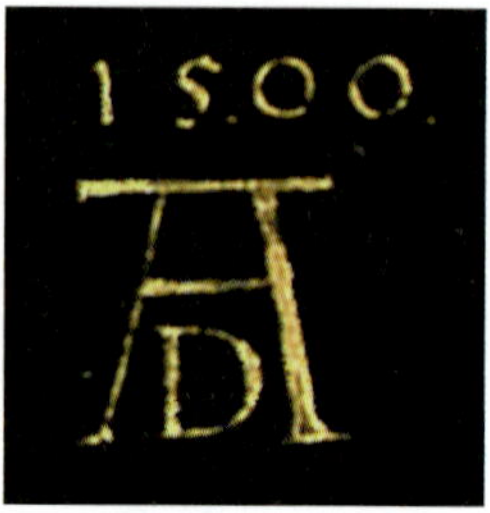

デューラーのモノグラムの例
（1500年画の作品より拡大）

ドイツ的線描にイタリア的優美さを加味し、いつもの版画に見られるアクの強さは薄まっていても、一目で彼の筆とわかる独特の個性と味わいはそのままだ。

画面右端、ちょうど帽子の先と同じ高さのところに、薄い黄色で小さく（印刷では若干見えにくいかもしれない）、ADのモノグラムがあるのに気づいただろうか？　アルブレヒトのAとデューラーのDを組み合わせた、今で言うブランド品のロゴマークのようなものだ。Aは神社の鳥居の形に少し似ており、その中にDをすっぽり収めたセンス抜群のモノグラムで、彼はこれをドイツ最高の画家たる自負をこめて——画家不作のドイツにあっては、今なおデューラーは最高と呼ばれている——、全ての完成作に描き込んだ（ただこのモノグラムが有名になると、サインよりずっと容易に真似できるのが仇となり、あちこちで贋作が出回ったのは皮肉だ）。

この時代の肖像画の通例にしたがって、格式ばらない四分の三正面図の上半身像である。

マクシミリアン一世は黒いビロードの大きなパレット（ベレー帽の一種）をかぶり、深みを帯びた緑色をバックに立つ。右手の指の形からして、おそらくテーブルか地球儀に軽く手を添えているのであろう。左手には石榴《ざくろ》を持っている。この果物は、果肉にびっしり種子がつまっているため「豊穣」のシンボルとなってきたが、一方でまた、そうした無数の種が丈夫な皮におおわれているところから、君主の下における人々の結束の象徴ともされた。多くの国々を統括する神聖ローマ皇帝が持つにふさわしい、図像上のアトリビュート（人物・地位を象徴する持ちもの）といえる。

着ている赤いコートはなかなか豪華で、裏地は毛皮。襟と袖口を折り返してある。襟の折り返しが肩と上腕をすっぽり覆うほどなのは、じゅうぶんな防寒が必要だったからであろう。北国の寒さがこたえる年齢だということは、灰色になった髪、目の下の隈、たるんだ頬《ほお》や顔中の皺《しわ》から察せられる。もう六十に近いのだ。重い瞼《まぶた》からのぞく眼光だけは未だ鋭いが、かつての豪快な偉丈夫ぶりはうかがえない。騎士というより、策を企む老獪《ろうかい》な政治家の顔だ。

画面上部左に、ハプスブルク家の紋章である双頭の鷲が、皇帝の冠を戴いたワッペン型の中に描かれており、その横には、皇帝を讃えるラテン語の銘文が読める。内容はざっと次のようなものだ。

「史上最大のマクシミリアン帝は、正義と知恵と寛容において、また特にその高邁《こうまい》さにおいて、他のあらゆる王たちに優っていた。皇帝は一四五九年三月九日に生まれ、一五一九年一月十二日、五十九歳九ヵ月と二十五日で崩御した。この偉大なる王に栄光あれ」。

つまりこれは、マクシミリアン一世逝去直後の作品なのだ。

デューラーは前年の一五一八年、アウグスブルクで帝国議会が開かれた際に皇帝をスケッチし、それを元に版画をおこしたが、油絵の完成は少し遅れたらしい。故人となった英傑の顔にはいくぶん修正が施され、巨大で垂れ下がった鷲鼻、出張った下顎《したあご》というハプスブルク家の特徴は目立たなくなっている。

デューラーがスケッチしたとき、すでに皇帝は死病にとりつかれていたのだろうか、それとも単に疲労の色が濃かっただけなのか、それは今となってはわからない。だがいずれにしても晩年のマクシミリアン一世が、心身ともに疲れ果てていたのは確かだった。

生涯のほとんどを戦場で過ごしたようなものだが、さすがにいつまでも連戦連勝というわけにはゆかない。スイスには事実上独立されてしまうし、イギリスのヘンリー八世と手を組んで戦ったヴェネチア戦では、屈辱的な講和を結ばざるを得なかった。ルターによる宗教改革の狼煙《のろし》も上がったし、息子のフィリップ美公の突然死は毒殺の疑いもあった。フッガー家への借財はいよいよ増えて、デューラーに約束した報酬さえ未払いだった。

デューラーの粘着質

『マクシミリアン一世』像を描いた翌年、四十九歳のデューラーは、その未払い分の二百グルデンおよび約束された年金百グルデンの継続を求めるため、妻と使用人を伴って故郷ニュルンベルクを旅立つ。マクシミリアン一世の孫、カール五世の、アーヘンでの戴冠式に直接出向いて請願しようというのである。

この旅行は新規の仕事開拓と物見遊山も兼ねていたから、アーヘンへ直行するのではなく、丸一年かけてぐるっとネーデルランド（現ベルギー、オランダ）を周遊し、多くの作品を描き、かつそれを売りつつ進んでいった。日誌も付けている。

30代半ばのデューラーによる『裸の自画像』（1507年頃）

この日誌が驚く。

ケチと陰口されるドイツ人の面目躍如といえば言いすぎだろうか、全篇これ金勘定ばかり。交通費、宿泊費、食費はもちろん、衣類代、理髪代、チップや贈り物、賭けで負けた分（ごく少額）、さらには自分で払わずにすんだ飲食費などの値踏み額（儲かったと喜ぶ）、プレゼントした絵の、本来なら手に入った金額（残念がる）まで、あれを払った、これをもらった、いくらした、いくらぐらいと思う、使いすぎた、払いすぎた、儲かった、損したと、毎日毎日、実にこまごま書き記してあって、期せずして当時の物価と風俗の一級資料にもなっている。

永井荷風が『断腸亭日乗』で食べもののことばかり書いていたのは、生への切ない執着として理解できるが、デューラーの場合はどう考えたらいいやら。とにかく金銭へのこの驚異的なこだわりが、版画作品における気の遠くなるほど粘着質の線描につながっているのは間違いない。もし彼がイタリア絵画の影響を受けていなかったなら、油彩もまた画布の隅々まで丹念な線、線、線で埋め尽くされたのではないかと疑われるほどだ。

何にせよこのような粘りがあれば、新帝への請願結果がどうだったかは想像つくだろう。デューラーは満足して帰国の途についたのだった。

「汝は結婚すべし」

マクシミリアン一世へもどろう。

晩年の皇帝は、確かに「昔日の面影なし」と言われても仕方ないほど、一見、生彩を欠いた。「ハプスブルク家、恐るに足らず」と勘違いする諸侯すらいた。しかしルドルフの血を引く彼が、度重なる逆境に見舞われたからといって、先細りのまま歴史の舞台から消え去るなどありえない。

ころんでもただでは起きないところを証してみせたのが、婚姻外交である。もともとは優柔不断な父フリードリヒ三世が、戦争厭《いや》さにぬらりくらり難事をかわすうち引き当てたラッキーカードだった。息子のマクシミリアン一世をブルグント公国（現フランスのブルゴーニュ、ベルギー、ルクセンブルク、オランダにまたがる、当時ヨーロッパ一繁栄を誇っていた国）のマリアと結婚させることで、労せずしてハプスブルク家に莫大な富と領土をもたらしたのだ。

ここから有名な「戦争は他の者にまかせておくがいい、幸いなるかなオーストリアよ、汝《なんじ》は結婚すべし！」（誰の言葉かは不明）という家訓が生まれたと言われる。

マクシミリアン一世は結婚による果実の大きさに気を良くし、父のやり方に倣って、子どもたちにも早い段階から手を打っておいた。息子フィリップ美公をスペイン王女フアナと、娘マルガレーテをスペイン王子フアンと結びつけたのだ。ハプスブルク家とスペイン王家のこの二重結婚にはとうぜん条件があり、どちらかの家系が断絶した場合は残された方が領地を相続する、と決められた。

結果、どうなったかといえば、フィリップとファナの間には二男四女が授かったのに、ファンとマルガレーテには子どもは生まれなかった。というよりこのスペイン王子は、結婚式の半年後に突然死してしまう。

どう考えても、ハプスブルク家に都合よすぎる展開といえるだろう。なぜなら契約によれば、これでスペインはいずれフィリップとファナの子ども、つまりハプスブルクの男系へ渡ることが決定的となったからだ。

すると今度は（ファンの死から九年後だが）、フィリップが突然死する。スペイン側の復讐だったかどうか証拠なしとはいえ、相次ぐ王子たちの死が自然死とはとうてい信じがたく、政略結婚の闇の深さを垣間見る思いがする。

もちろんマクシミリアン一世は息子を亡くして痛手を負った。しかし「幸いなるかなオーストリア」に、世継ぎは確保された。それもなかなか出来のいい子だ。

こうして老皇帝は、孫カールが十六歳でスペイン王の座につくのをしっかりその目で見届けたし、自分の死後、神聖ローマ皇帝位を継がせることも確認できた。スペインはすでに中南米を支配していたから、ハプスブルク家の領土拡大ぶりはまさに爆発的といえた。

ことここに至り諸侯たちは、老いたからと侮ったマクシミリアン一世にまんまと出し抜かれたのを思い知らされたのである。

しかも婚姻作戦はこれで終わりではない。マクシミリアン一世は死の間際に、孫たちの結婚まで決めておいた。カールはポルトガルの王女とで、こちらは新たな領土取得とは結びつかなかったが、カールの弟はボヘミア・ハンガリー国の王女と、カールの妹は同じボヘミア・ハンガリー国の王子と二重結婚、それもスペインと同じ契約結婚をさせた。

不思議なことにスペインとの場合と全く同じことが起こった。男系である息子の方には三男十女も生まれたのに、娘と結婚したボヘミア・ハンガリー王子は、世継ぎのないまま早々《はやばや》と戦死したのだ！

ハプスブルク家は自分たちの強運を寿《ことほ》いだが、ほんとうに「運」だけだったのだろうか？

それはともかく、こうしてハプスブルク家はボヘミア・ハンガリーまで手に入れた。墓の下からマクシミリアン一世の高笑いが聞こえそうだ。

第2章

フランシスコ・プラディーリャ『狂女ファナ』

（一八七七年、油彩、プラド美術館、三四〇×五〇〇㎝）

彷徨《さまよ》う葬列

荒涼たる冬の野に、しらじらと夜が明けそめようとしている。ひねこびた裸形の木は丈低く、石ころだらけの不毛の地に風が吹きすさぶ。

十字架を掲げたこの長い行列が、夜通し歩きづめでやっと休息を取っているのだということは、人々の疲労困憊《こんぱい》した様子からうかがえる。それにしても、ではなぜもう少し先の、小高い丘に建つ修道院まで行かないのだろう？　そこなら焚《た》き火で暖をとる必要はないし、じゅうぶん身体を休めることもできるはずなのに、こんな遮るもののない荒野の真ん中で、何本もロウソクを灯《とも》し（今にも風でふき消されそうだ）、司祭（白装束で髭を生やしている）にミサを上げさせるなど、異常としか言えないのではないか？

そのとおり。異常な事態である。

それは画面中央の、喪服のヒロインを見ても明らかだ。全身をこわばらせ、両の眼を猫のように見開き、憑《つ》かれたような顔つきの彼女は、たった今、厚いクッションを置いた簡易椅子から立ち上がったところだ。膝掛けが地面にはらりと落ちている。腹部の大きさから妊娠中と知れる。

周りの皆がぐったりしている中、彼女ひとりらんらんと覚醒し、寒さも疲れも感じていないようだ。この突然の動作に、しかし誰も驚いた様子はない。司祭の隣に腰掛けた女性だけが聖書から目を上げたが、そこには格別の感情も見られない。

全く奇妙な集団だ。葬送の列のはずなのに、少しも統制がとれておらず、後方はまだ重い足を引きずって行進中だ。焚き火にあたっている女たちは放心したような無表情だし、居眠りしている者もいる。男たちはうんざりした様子を隠さず、背を向けておしゃべりさえしている。

黒衣のヒロインが悲愴なだけに、皆の態度はあまりに冷たく感じられる。もっと彼女に同情していいのではないか、もっと死者への敬意があってしかるべきではないか、柩《ひつぎ》には彼女の大切な人が横たわっているはずなのだから。

「フアナ・ラ・ロカ」

立派な黒塗りの寝棺《ねかん》は、金で装飾された双頭の鷲の紋章入り。死者はハプスブルク家の人間なのだ。さらに柩の敷き布にはブルゴーニュの紋章もあることから、これがマクシミリアン一世の息子フィリップ（スペイン語読みではフェリペ）とわかる。ということは、尋常ならざる様子のこの女性が、未亡人フアナだ。「フアナ・ラ・ロカ（狂女フアナ）」と呼ばれるようになった大きなきっかけが、実はこうした常人に理解しがたい行動による。

フィリップが突然死したとき、カスティーリャ女王の座にあったフアナは六人目の子をみごもっていた。以前から精神的に不安定だったこともあり、夫の死を受け入れねばという気持ちと、まだ死んでいない、必ず復活する、との願望に心を引き裂かれたらしく、防腐処理をほどこした遺体とともに、長期間にわたってスペインの野を彷徨《ほうこう》した。

夫が望んだ埋葬地グラナダへ運ぶためというのが名目だったが、遺体をハプスブルク家に奪われ、いっしょの墓に入れなくなるのではと心配し、移動は常に夜、しかも大きく迂回《うかい》したり逆戻りするなど、でたらめな歩みだった。そしてその間も、発作的に列をとめ、ミサをあげさせたり、柩の蓋を開けては中を確認した。遺体がちゃんとあるかどうか、あるいは生き返っていないかどうか、確かめずにいられなかったのだ。

これでこの絵の謎は解けた。フィリップが死んだのは夏だったから、夜歩き昼眠る迷走の旅が始まってから、もう半年は経ったに違いない。臣下や女官は心身ともに萎《な》え、いつ終わるあてもない奉仕に倦み果て、女王への同情も崇敬《すうけい》もとうに忘れ去ってしまった。そんなものを示したところで、どうせ相手には通じないときている。

椅子から立ち上がった彼女は、おそらく蓋を開けるよう命じるのだろう。以前なら「お気の毒に」と同情したり、「またか！」と心の中で舌打ちしたけれど、今や何を言っても無駄とわかっているので諦めと無気力で動くのもだるい。そもそも、あと少しで修道院へたどり着くという手前でミサになったことで、疲れは倍加していた。

一方、フアナには彼らの気持ちを忖度《そんたく》する余裕などない。見えているのは愛する夫だけ。夫はあるときは神の御許《みもと》におり、あるときはただ眠っているにすぎない。あるときは盛大に葬ってやりたいと思い、あるときは再びその腕に抱きしめてもらえると信じる。政略結婚だというのに、しかも妻となって十一年もたち六人目の子どもも生まれるというのに、夫と初めて会ったとき感じた激しい恋心は、絶望的なまでに変わらず保たれていた。

血で受け継がれる悲劇

――「きわめてスペイン的、且《か》つきわめてドラマティック」、だからフアナを描かずにいられなかったと、フランシスコ・プラディーリャは語っている。

確かにスペイン史における王族ナンバーワン・ヒロインといえば、コロンブスの新大陸発見に資金援助したイサベル女王より、政治的には何もせずただ内部崩壊していったフアナの方だろう（豪腕マリア・テレジアより、マリー・アントワネットに人気が集中するようなもの)。そしてファナの胸痛むエピソードが国外にまで広く知られるようになったのは、プラディーリャによるこの堂々たる骨格の歴史画に因《よ》るところも大きい。

ドラマティックというよりメロドラマティックすぎると批判されながら、この絵は、むしろそうしたメロドラマ的感傷性ゆえにこそ、数世紀も昔の出来事を身近に引き寄せ得たのだし、広く人気も博すことができたのだ。制作された翌年、一八七八年にはスペイン国内美術展で名誉賞、同年開催のパリ万博でレジヨン・ドヌール勲章、さらに四年後のウィーン万博でも名誉賞を授かり、若い画家を一挙に画壇の重鎮へ押し上げるとともに、ファナの悲劇に人々の目を向けさせた。

ファナの悲劇——その種は、祖母が精神を病んでいたことにあったかもしれない。種が発芽するには光も栄養も必要だが、ファナは立場上それらに事欠かなかった。まずアラゴン王フェルナンドとカスティーリャ女王イサベルの間に生まれたこと自体、ストレスのない穏やかな人生とは無縁になることを意味した。

スペインは長らくイスラムの支配下にあり、十五世紀になってようやくカトリック教徒が奪還するが、その時、アラゴン（東部）の王とカスティーリャ（中西部）の女王が結婚し、スペイン王国として両王で統治するとの契約が交わされた。要するにこの夫婦は王と王妃ではなく、国はひとつなのに王と女王という同等の立場である。これが後々ややこしさの元になるのは、誰にも想像できよう。

両王には一男四女が生まれ、世継ぎの長男フアンと次女フアナには、先章で触れたように、それぞれハプスブルク家の娘マルガレーテと息子フィリップがあてがわれた。ところがフアンは結婚半年後、急死。両王はすぐ次期王位に、ポルトガルに嫁いでいた長女を指名するが、彼女もまたお産で死去。生まれた子も二歳で病死したため、王位継承者は次女フアナにまわってくる。まもなく母イサベルも亡くなる。ややこしさはさらに増し、ふつうなら王である父が生きているのだから、父がそのまま統治を続け、王位継承問題は起こらないはずなのだが、アラゴンとカスティーリャは元は別王国なので、イサベルの遺言によりフアナがカスティーリャ女王になった。

フアナと両親。『フアナのための祈禱書』より、マルクエリョによる細密画

面白くないのは夫のフィリップで、彼は女王の夫ではなく、自分が王位につきたがり、その支援をたのむべく敵国フランスに接近。怒ったファナの父フェルナンドが、それなら自分がカスティーリャ王を兼ね、若い後添えをもらって、その女性との間の子を世継ぎにしようと謀《はか》る。

間に立たされたファナの苦しみは想像するにあまりある。どちらにとっても自分は邪魔者なのだ。こうなれば何としても女王の冠だけは手渡すまい、と必死になる……。

生半可な家族喧嘩の域を越え、これは命を賭けた権力争いだ。実際、この政争のさなかにフィリップは怪死する。

恋の始まりと嫉妬

先を急ぎすぎた。まずは初々《ういうい》しい花嫁と花婿の出会いについて語らねば。

才色兼備と謳《うた》われた十六歳のファナは、結婚相手がハプスブルク家の長男で、ブルゴーニュ公フィリップと決まったとき、期待に胸を躍らせた。

一歳年上のフィリップは父親マクシミリアン一世とは似ても似つかぬ美男と評判だし（フィリップ美公と呼ばれた）、いずれハプスブルクの領地を全部継承することになっていた。

良縁である。まだ見ぬ夫と王国に夢を馳せながら、一四九六年、彼女は故郷を後にする。

ブルゴーニュへ足を踏み入れたとたん、フィリップが予告もなく迎えに現れた。若いふたりはまるでロメオとジュリエットのように（まだシェークスピアは生まれていないが）一目で互いを気に入った。噂どおりの美男ぶりにフアナは恋に落ち、フィリップは——恋と呼んでいいのだろうか？——少なくとも、黒眼黒髪のエキゾチックな美人に新鮮な魅力を感じた。正式な結婚式はまだ数日先だったのに、彼はすぐさま町の司祭を呼びにやり、その場で形ばかりの式を挙げるや花嫁を抱き上げ、寝室へ運んでいった。

三百年後のフランスで、これと全く同じことが起こる。早く世継ぎが欲しくてしかたのないナポレオンと、ハプスブルク家の皇女マリー・ルイーズのカップルがそれだ。しかし花嫁を性急にベッドへ運ぶという行動自体は同じでも、ナポレオンの場合は——フィリップのような若々しい血潮の滾《たぎ》りからきたものではなく——、ひたすら高貴な青い血を混ぜることだけが目的であったし、マリー・ルイーズも——フアナのように嵐のような官能を知ったわけではなく——、とうとう成り上がり者の人身御供《ひとみごくう》になったとの感慨だけが先に立った。

とはいってもこの二組の、どちらが不幸かは甲乙つけがたい。

初めのうちフアナは間違いなく幸せで満ち足りていた。だが長女に続いて世継ぎの息子

（後のカール五世）を無事産んだころから、フィリップの態度が変わってくる。妻に飽きたのを隠さなくなり、たびたびの外泊が始まった。

ファナにもわかってくるが、彼のベッドでの魅力は、長年の娼館での遊蕩によって身につけたものであった。恋の歓びが深かった分、ショックは激しい。ファナは嫉妬で熱くなり、傍《はた》からは病的とも感じられれほどのヒステリーを起こすようになる。

そうこうするうちファナのカスティーリャ継承が決定し、その手続のため夫婦はスペインへ行く。故郷でまたファナは妊娠するが、継承手続を終えるやフィリップはひとりでさっさと帰ってしまう。「ピレネー山脈を越えればそこはアフリカ」と言われる赤土のスペインは、豊かで享楽的な土地ブルゴーニュに慣れた彼にとって殺風景すぎ、厳格なカトリック的宮廷生活も退屈きわまりなかったのだ。

ファナは子どもが生まれるまでと母に引きとめられたことで、夫恋しさが募り、いっそう精神が不安定になる。三人目を産むとすぐブルゴーニュへもどったが、女官の中に夫の愛人を見つけ、彼女の髪を鋏《はさみ》で切るなどして暴れまわる。あのスペイン女はおかしい、との噂がさざ波のように宮廷に拡がってゆく。

死まで続いた幽閉

やがて母イサベル女王が逝去、夫婦は再びスペインの地を踏んだ。今回はフィリップと父フェルナンドの対立は、隠しようもないほどであった。カスティーリャ女王はフアナなのに、男ふたりが実権をめぐって争うのだから、傷つきやすい神経には耐えがたい。おまけにまた妊娠した。そしてさっきまで元気潑剌《はつらつ》の夫が倒れた……。

ついにフアナの最後の正気の糸が切れたのであろう。さ迷う魂さながら、夫の亡骸《なきがら》とともにスペインの荒野をさすらいはじめる。ただそれがどのくらいの期間続いたかには諸説あり、数週間にすぎなかった、子どもが生まれるまでの半年近かった、いや、幽閉されるまで丸二年以上にわたった、との主張もある。

いずれにせよ、呪われた行進がいつまでも許されるはずはない。実権をにぎった父フェルナンドは、二十九歳のフアナをトルデシーリャス宮殿に幽閉する。政務を取る能力のない彼女にとっては、そう居心地の悪いものでもなかったかもしれない。女官たちに世話され、ここで自分だけの世界にこもって、七十五歳の長命を全うした（フアナに魅《み》せられていたプラディーリャは、幽閉中の彼女を描いた歴史画も発表している）。

単調な日常のせいか、狂気の発作は鎮まっていたとされる。退位を勧められた時だけ興奮し、決して女王の座を明け渡さなかったし、死ぬまで署名には「女王」を付けるのを忘れなかった。たとえ名のみでもこの肩書きが最後の砦《とりで》であると、よくよく植えつけられていたのであろう。

何十年もの長きにわたって幽閉された王家の美女といえば、もうひとり、ジョージ一世妃ゾフィア・ドロテアがいる。彼女は自分の悲運と交換するかのように、フリードリヒ大王（第8章参照）という傑物の孫を世に送り出した。

フアナもまた、自分では全く育てはしなかったものの、長男カールを産むことで歴史に貢献した。カール五世のもとでスペインは「日の沈むことなき世界帝国」へのレールが敷かれたのだし、ハプスブルク家はスペインにもしっかり根を下ろしたのであった。

プラディーリャ『幽閉中のフアナ』(1906年)

第3章

ティツィアーノ・ヴィチェリオ『カール五世騎馬像』

(一五四八年、油彩、プラド美術館、三三二×二七九㎝)

最多の肩書きをもつ皇帝

日本人にとって他国の王侯貴族の称号や名前は、発音も絡《から》み、非常にわかりにくい。カール五世の場合、特にそうだ。カールとカルロスが同源だろうとは想像できても、カール五世とカルロス一世が同一人物と聞いただけで、世界史が嫌になった人も多いのではないだろうか。

どうしてこういうことになるかと言えば、ひとえに領土が広大（欧州の三分の二と中南米を支配）だからだ。

彼は父フィリップ美公を継いだのでブルゴーニュ公であり、母方の祖父を継いでスペイン王でもあり、父方の祖父マクシミリアン一世を継いでドイツ王でもあり、ローマ王でもあり、ハンガリー王でもあり……と、ヨーロッパ史上最多の七十もの肩書きを持った。そこで、神聖ローマ帝国皇帝としてはカール五世、スペイン王としてはカルロス一世（後に玄孫《やしやご》がカルロス二世を名のる）という次第。

さて、このカールは——ドイツでもオーストリアでもスペインでもなく——父フィリップの支配領フランドル（現ベルギーを中心に、フランス北部とオランダ南西部を含む地域）で生まれ、六歳で父を亡くし、母フアナは精神に異常をきたしたため育てるのは無理と、ハプ

16世紀半ば、カール五世統治下のハプスブルク家領地図
（アメリカ大陸、東南アジア地域の植民地は除く）

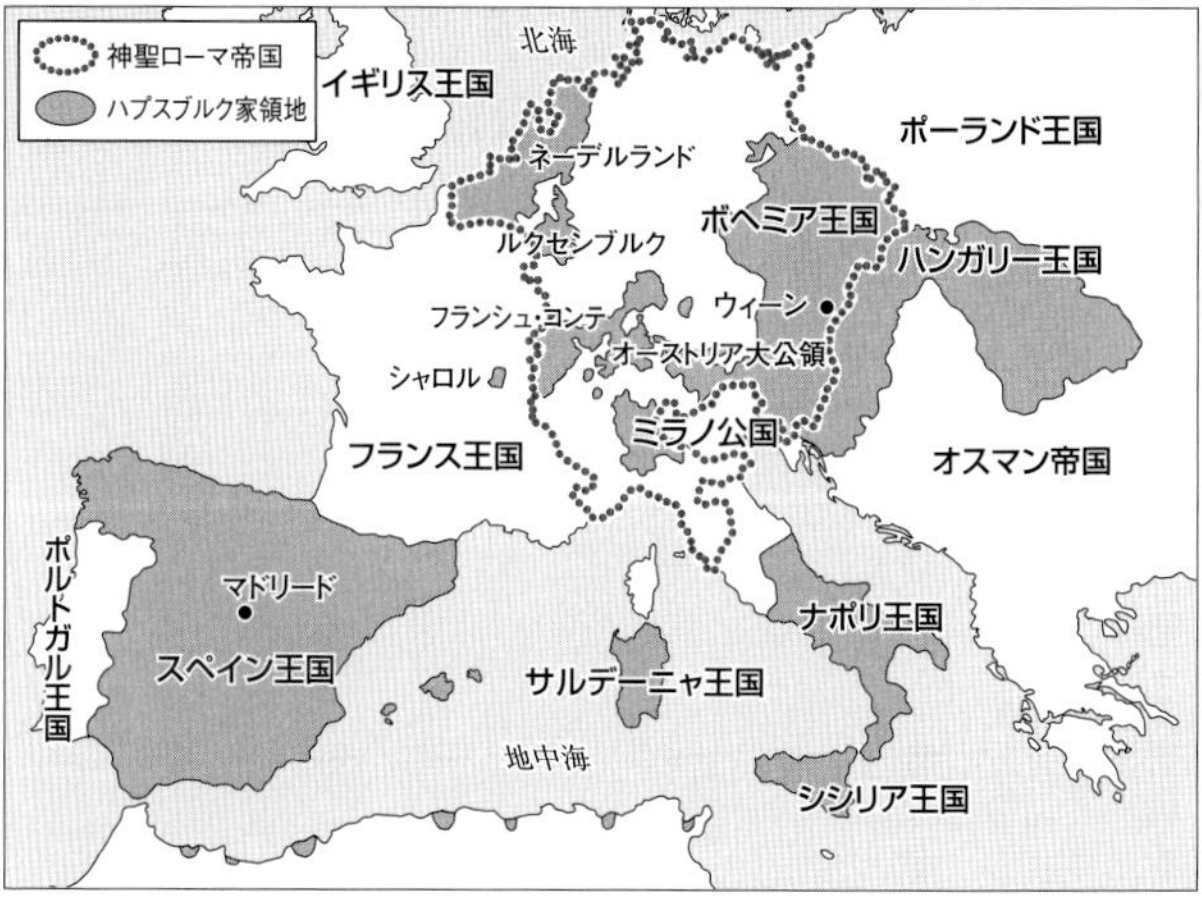

スブルク家に引き取られた。
教育は叔母（祖父マクシミリアン一世の娘）によって、当時フランドル宮廷の公用語だったフランス語でおこなわれた。つまり彼はドイツ語は片言、スペイン語は全く話せない、生粋《きっすい》のフランドルっ子というわけで、ハプスブルク家の拠点オーストリアにとってもまた母の生国スペインにとっても、いわば異邦人だった。しかし異邦人でも両親の結婚時の契約があり、母方の祖父フェルナンドが死去すると、筆頭継承者である彼が十六歳でスペイン王カルロス一世となる。
翌年、この継承式に際してカルロス一世は初めてスペインの土を踏み、そこでやはり初めて二歳下の弟（後の神聖ローマ皇帝フェル

ディナント一世）に会う。

弟はファナがスペインで産んだ次男で、そのまま祖父フェルナンドに引き取られ、スペイン宮廷でスペイン語を母国語として育った。祖父はこの子にスペインを継がせたかったらしいが、けっきょく兄とトレードされる形で、再会後まもなくオーストリアへ送られた（とはいえ兄弟仲が悪くはなかったことは、後に証明される）。

カルロス一世はもうひとり大事な人に会わねばならなかった。幽閉中の母ファナである。彼女は今なおカスティーリャ女王の地位と亡き夫に固執しており、幼いころ別れたきりの息子の顔を覚えていたかどうかはわからない。彼の方はどう思ったのだろう？　何も語らなかった。

ローマ略奪

十九歳でカルロス一世は神聖ローマ皇帝の座につき（教皇による戴冠は三十歳）カール五世となった（相変わらず七人の選帝侯たちによる選挙である）。

思いがけず苦戦の果てだ。というのも、皇帝の地位は暗黙の了解としてハプスブルク家世襲でずっときていたし、そもそもこれはドイツ王とイコールのはずなのに、とんでもない横槍が入った。フランスのフランソワ一世が、ローマ教皇と共謀し、何の関係もないのに立候補したのだ。

おかげでカール五世は選帝侯たちを買収するため、フッガー家から多額の借金（この豪商への見かえりは、免罪符の独占販売）をしなければならず、その支払いにスペインへ重税を課して人気を失い、ひいては傭兵への給料を滞らせるに至った。

1529年、ボローニャでの戴冠式における
カール五世とローマ教皇

フランスにしてみれば、周りをスペイン、オーストリア、フランドルと、全部ハプスブルク家に囲まれ、何とか打破する必要があったわけで、以後、両者は四回も対戦する運命だった。戦争はカール五世の三勝一分けと圧勝で、一度などフランソワ一世を捕虜にして不平等条約を強《し》いた。ところがフランソワは署名して解放されるや、たちまちそんな条約など守るものかと開き直り、教皇がそれを支持したものだから、怒ったカールがロー

マに兵を差し向ける。

　これが悪名高い「ローマ略奪」（一五二七年）で、給料をもらっていなかった傭兵たちが、司令官の戦死をきっかけに、虐殺、放火、強姦、強奪の限りを尽くして町を破壊、ローマの人口を三分の一に減らしたと言われるほどだった。

　当時、戦勝者による略奪行為はある程度認められていたが、今回はあまりに悪辣《あくらつ》非道だとヨーロッパ中から批難が集中することとなり、まだ二十七歳だったカール五世は「自分は現地にいたわけではなく、責任はない」と強弁しつつ、少なからぬ精神的打撃を受けたと言われる。

　しかもこの苦々しい事件の後も、戦いをやめるわけにゆかなかった。敵はフランスばかりではない。キリスト教を脅かす強大なトルコ、そしてカトリックの威信を揺さぶるプロテスタント、これらをねじ伏せ、カトリック的世界統合の夢実現を自らに課していたからだ。

　そんなこんなでカール五世は、四十年の治世中、ドイツへ九回、イタリアへ七回、フランスに四回、イギリスへ二回、アフリカにまで二回、といったぐあいに計四十回も出陣し、「ひたすら戦争に明け暮れた」という形容詞は全然誇張ではなかった（家訓である「戦争は他の者にまかせておけ」は、いったいどうなったやら）。

たいていは勝ち戦だったが、金喰い虫の戦争は中南米からの莫大な収入をブラックホールのように吸い込み、本人の肉体をもぼろぼろにした。痛風と喘息も加わり、四十代ですでに疲れきった老人にしか見えなかったというが、だからこそ逆に英雄的強さを世界へアピールする必要にかられたのだろう。

ティツィアーノ・ヴィチェリオの出番である。

カール五世は三十代にイタリアで初めてこの大画家の作品に触れ、「色のヴェネチア派」といわれる豊穣な色彩、巧みな写実とのびやかな画風にすっかり心を奪われ、以降、自分や妻子の肖像を依頼してきた。やがてこのイタリア人画家は生地ヴェネチアに居を構えたまま、スペイン宮廷画家として次のフェリペ二世まで父子二代にわたって仕え、年金も拝受する（「もう九十歳なので年金がほしい」という手紙も残っている。面白いことに、したたかなティツィアーノは年齢を十歳以上も多くサバ読みしていた）。

ティツィアーノのアトリエに入ってきたカール五世が、床に落ちていた絵筆を拾って手渡した、というエピソードまである。とうてい事実とは信じがたいが、しかしそんな伝説が生まれるほど、皇帝は画家の仕事ぶりに満足していたということだろう。

記念碑的大作

『カール五世騎馬像』は、一五四七年のミュールベルク戦でプロテスタント同盟軍に圧勝したのを祝って、翌年完成。縦三メートルを超す記念碑的大作だ。

颯爽《さっそう》と馬にまたがった皇帝が、木立から夕映えの野へひとり走り出てきた瞬間が切り取られている。まさに英雄登場の瞬間である。彼は、美々しく身を飾った駿馬《しゅんめ》が勢いのまま駆けだそうとするのを手綱《たづな》で抑え、はるか遠くへ眼差しを向ける。彼以外の誰も見はるかすことのできない遠い遠い彼方、理想の世界へと。

面頬《めんぼお》付き兜《かぶと》には華やかな赤い房が躍り、甲冑《かっちゅう》は光り輝く。右手に握る長槍は竜退治の聖ゲオルギウスを髣髴《ほうふつ》とさせ、胸元に下げているのは金羊毛騎士団（異端からカトリックを守るため結成された）の勲章である。ミュールベルクの戦いが聖戦だったこと、皇帝が勝利したこと、だがなおまだ戦いは終わっていないことが暗示されている。

四十七歳のカールは目尻に皺は寄っていても、精悍《せいかん》な顔つき、顎の突き出たところまで、ひたすらな前進をあらわし、王者としての威厳に満ちている。一方でしかし目には憂いが含まれ、表情は哲学的といっていいほどだ（同時代人ヘンリー八世の、私欲に凝り固まった強面《こわもて》［七一ページ］といかに違っていることか！）。皇帝は神に与えられた使命を果たすため

ティツィアーノ『ウルビーノのヴィーナス』(1538年)

個を捨てて戦っており、それが彼に超然たる雰囲気を添えている……。

肖像画家というものは、注文主、とりわけ大物パトロンに対して媚《こ》びへつらうのが常だから、ティツィアーノも盛大にモデルを美化、理想化したと思われよう。実際、このころの皇帝はすでに馬に乗れる状態ではなく、戦場でも輿《こし》に乗って移動していたのだから、騎馬姿自体が虚構である。自分の仕事を十全に心得たティツィアーノが、この肖像の目的を知ってそれに叶《かな》うよう描いたのも確かだ。では単に阿諛追従《あゆついしょう》の絵でしかないのだろうか？　いや、それだけではないから、これは名画なのだ。

卓越した才能と活力、名声と富に恵まれたティツィアーノは、人生を楽しみ、この世を愛し、基本的に人間が好きだった。『ウルビーノのヴィーナス』に代表される彼のヌードには健康なエロティシズムがこぼれ、肖像画には悪意や皮肉の影もない。対象の良いところを瞬時に捉え、注文主を喜ばせるためというよりむしろその美点を好きになったから、描きたいから、描いた。モデルの精神性が——カール五世のように——高ければ、それを決して逃がすこともない。

王侯貴族が競ってティツィアーノに肖像画を依頼したのは、わけのないことではなかった。

母の死と引退

カール五世の体力気力は、しかし凜々《りり》しい肖像画が完成しても好転するどころか悪化し続けた。生真面目で信仰心の篤いところも、隠遁《いんとん》への欲求を煽《あお》ったのかもしれない。五十六歳の彼はブリュッセルに一族を集め、退位して修道院へ籠《こ》もると表明する。

当時としてはこれは前代未聞である。絶対主義のどの国のどの王がいったいこんなふうに、自ら位を譲ったろう？　力をつけ過ぎたからと実の息子を殺し、兄弟で争い、手ひどい敗戦をしても、また死の床でさえも、なお冠を渡すまいとする王ばかりだった世の中に、カールが挙げた理由——病弱だし、妻にはとうに先立たれ、ひとり息子は優秀でもう自分はいなくてもいい——は、理由にもなっていない。

つまりこれは外部要因というより、彼の内面から来たのだろう（だからいっそう、ティツィアーノの描写に予言的凄みを覚えてしまう）。ローマ略奪や、スペイン人が行なったインカ帝国の滅亡に対し、カトリック教徒として感じるところがあったのかもしれない。何より、女王の名に死ぬまで拘《こだわ》った母フアナへの複雑な思いが、彼の心に全くなかったとは考えにくい。退位表明は、フアナが七十五歳で亡くなった翌年のことであった。

カール五世は退位に際し、後の始末もきっちり付けている。スペインに関する地位と領土は息子のフェリペ二世に、神聖ローマ帝国を含むオーストリア関係の地位と領土は弟のフェルディナント一世に、平和裡に継承させたのだ。ここからハプスブルク家はスペイン系とオーストリア系に二分される。分裂にあたっては、中南米という無尽蔵の金脈を持ちカトリックで統一されたスペインの方が圧倒的に有利な条件だったが、とはいえ分割などせず全部我が子に譲ることもできたのだから、カール五世の英断には感嘆せざるを得ない。

修道院で祈りの日々を二年ほど続け、前皇帝は逝去した。

このあたりで、有名な遺伝の例とされる「ハプスブルクの顎と下唇」について触れておきたい。当時の無名画家による『マクシミリアン一世と家族』（六三ページ）が、よく事情を伝えている。

　後列左の赤いパレットをかぶった王が、マクシミリアン一世だ。横顔なので鷲鼻と受け口がはっきりわかり、デューラーの肖像とは別人のようだ。その隣の黒いパレット姿が、ファナの恋してやまなかったフィリップ美公、右端が一世の妃マリア。前列へ行くと、左がマクシミリアンの孫で、オーストリア・ハプスブルクを継いだフェルディナント一世。右端の人物に関しては諸説あり、男女どちらかも意見がわれている（「カール五世の妻」説、「マクシミリアンの孫娘の夫」説など）。

　注目は、ひときわ顎の大きな中央の黒パレットで、これがカール五世の若き日の姿だ。ティツィアーノの肖像画ではどれも髭をたくわえているのでさほど目立たないが、同時代人の証言によると、カールは極端な受け口のせいで歯の嚙《か》み合わせがひどく悪く、常時口を開けていたとまで言われる。おそらく絵よりもっと下唇が垂れ、顎は突き出ていたに違いない。

　そしてこの優性遺伝が、血族結婚をくり返すことで子々孫々に伝えられ、とりわけスペイン・ハプスブルクにおいて、極端に歪《ゆが》んだ形で出現することになる。

『マクシミリアン一世と家族』(16世紀)
(後列左から、マクシミリアン一世、フィリップ美公、マクシミリアンの妻マリア、前列左から、フェルディナント一世、カール五世［カルロス一世］、名前不詳の人物)

第4章 ティツィアーノ・ヴィチェリオ『軍服姿のフェリペ皇太子』

（一五五一年頃、油彩、プラド美術館、一九三×一一一㎝）

「一種異様な性的魅力」

カール五世の嫡男《ちゃくなん》フェリペが、初めてティツィアーノの筆によって描かれたこのとき、二十三、四歳。若いが、すでに一度結婚し、産褥《さんじょく》で妻を亡くし、息子がひとりいた。この肖像画は、再婚相手への見合い写真代わりだったと推測されている。

細身のフェリペは剣を腰に下げ、煌《きら》びやかな甲冑に身を包んでいる。彫金や丸飾りなどの意匠を凝らし、軽量すぎて実戦には不向きな——むしろ一級の工芸品として価値がありそうな——オーダーメイドの鎧《よろい》だ。薬指と小指には地味めの指輪、ネックと袖口からはさりげなく高級品のリネンを覗《のぞ》かせ、伝えられる彼のファッションセンスの良さを証明する。

詰め物入り半ズボンの丈は短く、すらりと伸びた形の良い脚を引き立てる（当時、脚線美は男のものだった）。ズボンの間から首を出すコドピースは、前世紀から大流行の装飾的プロテクターで、戦場で戦う傭兵たちが大事なところを守るのに付けたのが始まりとされ、色や形、素材までどんどん派手になっていった。近代人の目にはいささか滑稽《こっけい》に映るが、ファッションにおける過剰補償がかくも極端な形を取った例として興味深い。

背後のテーブルに赤いビロードのクロスが掛かり、房を飾った両面頰付き兜が載っている。フェリペはその兜に右手を置き、闇の濃い眼差しをこちらへ投げかける。

細おもての顔、広く美しい額、まっすぐな鼻、今にも一本につながりそうな長い弓なりの眉、赤い肉感的な唇。短い髭を生やした顎には、明らかにハプスブルク家の特徴が見られるが、といって父親ほどではなく、美男美女だった祖父母フィリップ美公とファナの面影の方を強く宿しているのであろう（ちなみにフェリペという名前はフィリップのスペイン語読みで、美公を一世と見なし彼を二世としたもの）。

物静かなたたずまいのうちに、どこかしら油断ならない雰囲気が漂う。ティツィアーノは未来の王たる青年の複雑な内面、押し殺した情念を、鋭く見抜いたに違いない。

フェリペは叔母に宛てた手紙で、この肖像画は気に入らないから描き直させたいほどだと書いている。ティツィアーノの才能自体は高く買っていたので、引き続き宮廷画家として絵を注文し続けたが、二度と自分の肖像は描かせなかった（もう一枚あるとの説も）。自己を暴かれたように感じたのだろうか。

しかし本人がどう思ったにせよ、画布に永遠化されたこの若き支配者の姿はなかなか魅力的で（花嫁候補もそう思ったことは後述する）、堀田善衞のこんな一文が思い出される――

「スペインの人間たちの発散する、えもいわれぬある種の暗さ、陰気さ、しかもこの暗さと陰気さが、男たちにあって一種異様な性的魅力となってあらわれる」（『美しきもの見し人は』)。

確かに同じ南国でも、イタリア的陽気さはスペインに無縁だ。苛烈《かれつ》な太陽とそれに灼《や》かれた赤土、闘牛に象徴される殺戮《さつりく》と熱狂の混じりあいが、スペインの男性を陰気に、残虐に、そしてセクシーにしたものであろうか。この肖像画を見る限り、フェリペからもそんなスペインらしさを感じずにいられない。

——八分の一しかスペイン人ではないのに？

いや、フェリペは自分をスペイン人だと強く意識していた。肌は白く、見た目は北方系でも、中身は丸ごとスペイン人であった。スペインに生まれ育ち、スペイン語を話し、スペイン人の臣下を侍《はべ》らせ、スペイン宮廷で帝王学を授かり、二十一歳になるまで一度もスペインを離れたことはなかった。

イングランドとの婚姻

フェリペ二世が君臨したのはスペイン黄金時代である。だがその黄金は、インカ帝国などでの略奪やネーデルランドの弾圧によって得た富であり、血の匂いがたっぷり沁《し》みこんでいた。おまけに絶えざる陰謀、反乱、宗教戦争、異端審問、ペストと、この絶対君主の生涯は

――父のように戦場から戦場へ駆けずりまわったわけでもなく、ほとんど宮殿で書類に埋もれていた（「書類王」のあだ名もある）にもかかわらず――、血塗られた一生と言っていいほどだ。

結婚にさえ、どこかしら流血のイメージが纏《まと》わりついている。四度の結婚で、それぞれポルトガル、イングランド、フランス、オーストリアから妻を迎え、全員に先立たれた、というだけではない。プロテスタント虐殺があり、事故死があり、息子殺しがあり……。

まあ、見ていこう。

最初の結婚は十六歳。相手は同じ年齢のポルトガル王女で、父方からも母方からも従妹にあたる。ハプスブルクの少し垂れ下がった下唇を持つほがらかな彼女は、口数の少ない社交下手《べた》のフェリペ皇太子に若々しい喜びを与えたようだ。ただし幸せは二年に満たず、難産の数日後にはあっけなく世を去ってしまった。十八歳でやもめとなったフェリペの手には、ひ弱な息子が残された。祖父の名にちなみ、カルロスと名づけられたこの子が、後世、ヴェルディの傑作オペラ『ドン・カルロ』のモデルとなる。

二度目は二十七歳のとき。相手は十一歳も年上のイングランド女王メアリー一世で、これは父カール五世の命令だから皇太子に否も応もない。カトリック対プロテスタントの抗争が

二番目の妻メアリー

再燃し始めたイングランドを、しっかりカトリック化する使命を担ったのだ。結婚契約としては――メアリーはイングランドを出る必要なし、スペインは軍を駐留させない、生まれた子はイングランドを継ぎ、もしフェリペの子ドン・カルロスが亡くなればスペインも継承させる、というもの。

　こうしてフェリペは子作りすべく、イングランドへ渡った。メアリーはすでにフェリペの肖像画（ティツィアーノの直筆、ないし模写）を見て胸ふくらませていたため、若い新夫を愛情こめて迎え入れた。フェリペの意を汲《く》み、プロテスタントの反乱者数百人をすでに血祭りにあげていた。このためメアリーは、「ブラッディ・メアリー（血まみれメアリー）」（後世これはカクテルの名前になるのだから、西洋人の感覚には恐れ入る）と揶揄《やゆ》されたほどだ。

　フェリペは慇懃《いんぎん》にふるまい、異国の宮廷での評判は悪くはなかったが、感情を見せないので何を考えているかわからないと言われた。もともと政略結婚であるから、妻を愛しているとは誰も思わない。前もって彼女の肖像画を見ていたフェリペは、妻の容姿に何の期待もしていなかったであろう。

　ヘンリー八世とキャサリン（フアナの妹。つまりフェリペとメアリーは遠縁にあたる）の間に生まれたメアリーは、苦労人だった。両親の離婚のごたごたで一時期庶子《しょし》にまで身分を落とされたし、母とともに幽閉された先ではアン・ブーリン（父の二度目の妻。後のエリザベス一世の母）による毒殺を恐れて栄養失調になったり、帝位につく直前には危うく殺されかけるなど地獄を見た末、ようやく結婚前年に女王になったばかりだ。絶えず生命を脅かされながら生きてきたせいか、年よりずっと老けて、髪の毛も歯も抜け、病弱で痩せこけていた。それでも何としても世継ぎを産みたいとの執念だけは強かった。

メアリーの父、ヘンリー八世

　願いは叶ったかに思えた。半年後、侍医はメアリーの懐妊を発表、フェリペも義務を果たせたと喜んだ。男児誕生ならスペインはいっそうの大国になるわけで、近隣諸国はこの報に慌てふためく。ところが違った。哀れなメアリーは想像妊娠をしたのだった。しかも腹部の膨張は腫瘍《しゅよう》と判明（これがけっきょく命取りになる）。

フェリペは一見変わらぬ態度を示したが、四十近いメアリーに子を成すのはもう不可能と見切りをつけたらしい。父の退位宣言を口実に、滞在一年半足らずでイングランドを去る。メアリーは心のこもった手紙を送り続け、帰国を待ち続けたが、スペイン王フェリペ二世として改めて彼がその姿を現したのは、一年三ヵ月も後のことだった。

不吉な予言

このあたりからフェリペのヒール（悪役）的特徴が鮮明になってゆくわけだが、彼がもどったのは何も妻に会いたいからではなく、彼女の自分への愛情を利用して、対フランス戦での資金援助をあおぐためにすぎない。その証拠に資金を調達するなりあっさり身を翻したのはもちろん、腫瘍が悪化してもう長くはないメアリーに隠れ、次期女王候補のエリザベスに内々で結婚を打診する、という芸当までやってのけている。

もちろんメアリーの葬儀にも出席しなかったし、エリザベス一世が戴冠すると即、正式に花婿候補に名乗りをあげた。あいにく彼女に対しては、フェリペの魅力もまるで神通力がなかった。あの手この手で女王を、つまりはイングランドを手に入れようと画策したものの、逆にエリザベスからさんざん翻弄されたあげく、「カトリック教徒とは結婚しません」ときっぱり断られてしまう。

そこで変わり身早くフェリペが近づいたのが、仇敵フランスだ。アンリ二世と講和を結び、ついでに彼の娘エリザベートとの婚姻も決めるという、みごとな離れ業《わざ》で、イングランドの鼻をあかす。だがここでもやはり流血沙汰がついてまわった。当時のしきたりに従い、スペイン側はフェリペの代理人をたて、フランスでエリザベートとの挙式を行なう、その席上、フェリペの舅となるアンリ二世が、自ら馬上槍試合に参加した。

あまりに有名なノストラダムスの予言的中例としてあげられるのが、この

イングランド女王、エリザベス一世

寿ぎの場で起こった恐ろしい事故である。
ノストラダムスの詩文に曰く、

「若き獅子は老人に打ち勝たん
戦の庭にて一騎打ちのすえ
黄金の檻の眼を抉《えぐ》りぬかん
傷はふたつ、さらに酷き死を死なん」。

馬上試合の「庭」で「一騎打ち」の最中、「若い」対戦相手の槍が折れ、「老」アンリの「金」の「兜」(＝檻)を貫いて「眼」に突き刺さったのだ。王は九日間苦しみぬいたあげく、「酷き死」を迎えた。

これがフェリペ三度目の結婚の、縁起でもないスタートであった。三十二歳の花婿と十四歳の花嫁は、はたして幸せになれるのか?

気がかりはもうひとつ。実はエリザベートは生まれてまもなく、フェリペの息子カルロス(彼女と同年齢)と婚約していた。国家間の政略上よくあることで、情勢の変化でいかようにもなる婚約だったし、ふたりは一度も顔をあわせたことはなかったのだが、それでも形の上ではフェリペは息子の婚約者を奪ったことになる。しかもカルロスとエリザベートがこの九年後、二十三歳で、相次ぎ間をおかず死去したものだから、黒い伝説はいっそう信憑性《しんぴょうせい》を帯びることになった。

ヴェルディのオペラ『ドン・カルロ』も、この黒い伝説をもとにしている。相思相愛だったエリザベートとカルロスが、「老王」フェリペに仲を引き裂かれた悲恋を縦糸に、横糸には、当時独立運動が盛んだったネーデルランドを支持したカルロスが、けっきょくはフェリペに邪魔されて死に至るというストーリーだ。

サンチョス・コレーリョ『ドン・カルロス』(1560年頃)

できの悪い息子

事実はどうだったかといえば、まずフェリペは老いてなどいないどころか、息子より数倍魅力的だった。このカルロスについては、当時のボヘミア大使の手紙にこうある――「片方の肩はもう片方より高い位置にあり、右足は左足より短いのでひきずって歩く。頭が大きすぎる。胸はくぼみ、背中にコブがある」。だが問題は外見ではない。「まるで七歳の子どものように、愚かしい質問ばかりする。高尚な事柄に興味を示したことはなく、食べることにしか関心がない。際限なく食べ続けているので、よくいろいろな病気にかかり、顔色がひどく悪く、長生きはできないだろう」。

他の証言も似たり寄ったりで、宮廷の持て余し者だったらしい。かつてカール五世が接見したときも、自分の名前を継がせたこの孫の情けない言動に呆れ、露骨に不快感を示したのはよく知られている。フェリペもこんな出来損ないの息子に跡を継がせるより、別の新たな息子を作った方がいいと思ったのかもしれない。少なくともカルロスの方は父から見捨てられたと感じ、奇行をエスカレートさせてゆく。

そしてとうとう――ここはオペラのとおりなのだが――父に反逆してネーデルランドへ行こうとし、逮捕監禁され、自殺未遂のあげく、半年後、牢内で病死した。フェリペが直接手を下したわけではないが、間接的には息子を殺したと言われてもしかたないだろう。

話は終わらない。そのたった二ヵ月後、エリザベートが男児を早産し、まるでカルロスの呪いのように、そのまま母子とも死去してしまう。娘ふたりを残しただけだった。

フェリペはフランス生まれの華やかなこの妻を可愛がり、贅沢三昧を許していたというが、その割には次の行動が呆れるほど迅速だ。彼らを亡くした同年のうちに、もう四人目の妻を迎える。跡継ぎを作らねばと焦ったにしても、それにしてもの冷たさだ。今度の相手は健康で多産でなければならない。多産というなら、十人も子を産んだ自分の妹だ、というわけで、現代人には受け入れがたい叔父姪結婚、正確には、従兄と実妹との間にできた娘アナを妻にした。

大変な血の濃さ。おそらくそのせいと思われるが、アナは多産ではあったが、生まれた子は次々夭逝し、けっきょく息子ひとり（フェリペ三世となる）を残して十二年後に、やはり産褥で亡くなった。この時代のお産が、女性の身体にいかに負担大であったかがよくわかる。まさに命がけだった。

四人目の妻アナ

フェリペ五十三歳。またも独り身。ようやく息子を得たことではあり、さすがにもう結婚は考えなかった。いや、それとも噂どおり、スコットランド女王メアリ・スチュアートを次の視野に入れていたのだろうか？　彼女と結婚し、エリザベス一世の頭から冠をむしり取り、スコットランドとイングランドを一挙に手中にしようと狙っていたのか？　いずれにせよ、幽閉中のメアリにフェリペが密《ひそ》かにコンタクトを取ったせいで、彼女は謀反人としてエリザベスから首を刎《は》ねられてしまう。

「スペインが動けば世界は震える」と言われたが、間違いなく「フェリペが動けば血が流れた」のであった。

第5章
エル・グレコ『オルガス伯の埋葬』

（一五八六年頃、油彩、サント・トメ教会、四八〇×三六〇㎝）

「あのギリシャ人」

クレタ島生まれのエル・グレコが（本名ではなく、「あのギリシャ人」を意味するスペイン語が通称となった）、ヴェネチア、ローマと修業してまわった後、スペインへやって来たのは、フェリペ二世が新首都マドリッド郊外に造営中だったエル・エスコリアル修道院での大仕事を狙って、と言われる。

エル・エスコリアルは名前こそ修道院だが、大聖堂を中心に王家の霊廟《れいびょう》、神学校、図書館、美術館、さらには王家の住まう宮殿や十六の中庭、十五の回廊を含む複合建造物で（現在、世界遺産に登録されている）、完成までに二十有余年を費やした、フェリペによる国威発揚の壮大なモニュメントといえよう（日本からの天正遣欧使節団を迎えたのもここだ）。建設にあたり、内部を飾る宗教画の描き手がおおぜい求められ、国内外から自薦他薦の画家たちが集まってきた中に、グレコもいた。

グレコはフェリペから才能を認められ、いったんはエル・エスコリアルの聖堂用『聖マウリティウスの殉教図』を依頼された。ところが出来上がった絵はフェリペの感性に合わず（フェリペは自身でもよく絵を描いた）、「祈る気をなくす」の一言のもと参事会室送りとなり、聖堂にはイタリア人画家による同名の別作品が飾られた。

エル・エスコリアル修道院外観

エル・グレコ『聖マウリティウスの殉教図』（1580～82年）

宮廷画家になるチャンスと張り切って描いただけに、グレコの自尊心はいたく傷つけられた。以来、王室との関わりは閉ざされたが、グレコ独自のスタイル——非現実的な色彩、奇抜な構図、引き延ばされた人体、ゆらめきつつ上昇する奇妙な動き——を自由に発展させるには、かえってその方が良かったともいえる。古都トレドに腰を落ち着け（最終的には市民権を取って永住）、教会関係者や知識階級の支持を得て、数々の作品を生み出してゆく。

二五〇年前の肖像

代表作『オルガス伯の埋葬』は、トレドのサント・トメ教会の注文で制作したもの。楯のような画面を上下に二分割し、地上界の埋葬シーンにはひそやかな動き、魂が昇天する場——天上界——には派手な動きを与え、また地上界には当時トレドに実在した名士たちをずらりと（一種の集団的肖像画にもなっている）並べるユニークさによって、この絵は大きな評判を呼んだ。

オルガス伯爵もまた実在の人物だ。彼はサント・トメ教会の修復に尽力した善行により、死去したとき二人の天使に墓所まで運ばれたと言われている。ただし十三世紀の伝説である。それをグレコは、あたかも二五〇年後の、自分たちの生きている今現在起きた奇蹟であるかのごとく描いてみせた。しかもオルガス伯の遺体には、武具製造業でも名を馳せるトレド市のＰＲも兼ね、見事な甲冑（若きフェリペ皇太子が身につけていたのとよく似ている）を着せてある。

伯爵を両側から抱き上げる金ピカのローブをまとった二人こそ、誰あろう、天から降りてきた聖人たちだ。司教の冠を被った右側の老人は聖アウグスティヌス、左の青年助祭は聖ステパノ。ステパノは群集に石を投げつけられて殉教したのだが、その様子は彼のローブの裾模様に描き込まれている。

彼らの上空に翼をもつ金髪の天使が浮かび、何やら雲の塊みたいな得体の知れないものを大切そうに抱いている。これがオルガス伯の霊魂で、左上の聖母マリア（赤い服に青いガウン）が、手を伸ばして受け取ろうとしている。隣では洗礼者ヨハネ（獣の皮をまとっている）が、最上位に立つイエス・キリストに、オルガス伯の善き魂について語っているらしい。他にも、天国の鍵を持つ聖ペテロだの、楽器を演奏する天使だの、幼児姿のプットーだの、右には聖人たちもぎっしり雲間にひしめいて、なかなか賑やかなことだ。

その天上の聖人たちの中に、本来いるべきでない者がひとり混じっている。ややわかりにくいが、前列右から四人目がそれで、他の聖人が皆ローマ風の長衣姿なのに対し、彼だけフ

『オルガス伯の埋葬』（拡大図）
丸で囲んだ人物がフェリペ二世

レーズという丸い襞襟（地上界の名士たちも着用している）をつけていることから、生きた人間とわかる。亡くなってもいないのに、天上界の仲間に迎えられるほどの栄光の人物といえば、「カトリックの守護神」を任じ、「世界の半分を支配している」スペイン王しかいない。さりげなくだが、膨《ふく》れた下唇と心持ち突き出た顎も表現されている——齢《よわい》六十間近のフェリペは、いつしか白髪白髭になっていたらしい。

それにしてもグレコはなぜ、こんなところにフェリペ二世を描き込んだのだろう？　注文主からの依頼だったのか、それともまだ宮廷画家への未練を捨てきれず、宮廷におもねったのか。どうもよくわからない、というところに彼らしさがあるのかもしれない。同時代人の画家の言うように、「エル・グレコは彼の絵と同様、何ごとにおいても奇妙だった」のだから。

日の沈まぬスペイン

この絵が発表される数年前、フェリペはポルトガル王位まで手に入れていた。これによって、ポルトガル領のアンゴラ、モザンビーク、ゴア、セイロン、マカオ、マラッカ、ブラジルもスペイン傘下となり、もともとの支配領ネーデルランド、ルクセンブルク、ナポリ、シシリア、ミラノ、アフリカ諸都市、メキシコ、ベネズエラ、ペルー、チリ、アルゼンチン、カルフォルニア、フロリダ、フィリピンなどを合わせれば、一日二十四時間必ず領土のどこかで太陽が照っているわけで、つまりそれが「日の沈まぬ国」と呼ばれる所以《ゆえん》である。

けれど満つれば欠けるで、最盛期というものは必然的に衰退の予感を孕《はら》んでいる。ましてスペイン黄金時代は他国の簒奪《さんだつ》の上に築かれただけに、武力と恐怖の支配から逃れようとする相手の反撥が並大抵ではない。

けっきょくネーデルランドには事実上の独立を許さざるを得なかったし、あれほど狙っていたイングランドも、ついに諦めざるをえなかった。つまりフェリペは、「処女」王エリザベス一世に対してだけは完敗したと言っていい。求婚の際にも翻弄されたし、メアリ・スチュアートの処刑によって、イングランドをカトリック化しようとする野望は完全に断たれた。おまけにドレークからの海賊行為はエリザベスの支援によるものだったから——この頃の王だ

スペイン無敵艦隊とイギリス艦隊によるアルマダの海戦（1588年）図

の諸侯だのは、規模の大きな強盗と変わらないのを痛感する――、堪忍袋の緒を切らしたフェリペが無敵艦隊を差し向ければ、アルマダの海戦で粉砕されてしまう（もしフェリペとエリザベスが結婚していたなら、さぞかし凄い子どもが生まれていたに違いない）。

　また、拷問・火炙《ひあぶ》り・生き埋めと、凄まじい異端審問によって（モンティ・パイソンのギャグに曰く、「どんなひどい目にあおうと、スペインの異端審問にかけられるよりはマシ」）カトリックの権威を固守せんとしたものの、プロテスタントの勢いが野火のように拡がってゆくのを止めることはできなかった。

　何より、略奪した金銀財宝はあぶく銭に似ており、労なくして流れ込む状態が長くなればなるほど派手な使い方がうまくなるだけで、自国の産業を育成するといった努力はしなくなる。王侯貴族など一部の有力者のみ栄え、貧しい者には恩恵なし、が黄金時代の実態であった。フェリペの老いとともに、この国が先細りしてゆくであろうことは目に見えていた。

宗教画への傾斜

フェリペ二世はいよいよ尊大に、ますます慎重に（「慎重王」のあだ名もあった）なってゆく。政務を他人には任せられないと、何もかもひとりで背負い込み、あらゆる書類に全て目を通さずにいられなかった。「フェリペのように働く」という言葉が残るくらい、猛烈に（予算時期の現代エリート官僚のごとく）働いた。お洒落《しやれ》だった若いころと違い、身につける衣服も黒ずくめとなり、風貌も峻厳な僧侶めいて、かつての魅力は薄らいだ。

エル・エスコリアルが完成するしばらく前から、美術に対する好みも変わってきたように思える。フェリペは絵画への炯眼《けいがん》で知られ、今日のプラド美術館に飾られているティツィアーノとヒエロニムス・ボスの数多の傑作は、彼が丹念に収集したものである。片や、したたるようなエロス、片や、異形の美という、作風の全く異なるこのふたりの天才を同じように愛せたところに、眼の喜びを知るフェリペという人間があらわれていた。

ところが晩年になるにつれ、信仰心がこれまで以上に篤くなり、内へ内へとこもってゆき、禁欲的な宗教画に囲まれたがるようになる。エル・エスコリアルの聖堂にエル・グレコの絵を拒否したのも、老いが新しい風を受けつけにくいことの証だったかもしれない。

「王でもなく大貴族でもなく、貧しくてもいいから一介の騎士として気楽に生きたかった」という晩年のフェリペの述懐には、本音が混じっていたであろう。これはこれで大変な人生であったのは間違いないのだから。

父親と同じ痛風に悩まされ、しかし父親よりははるかに長生きの七十一歳で、孤独な王は波乱の一生を終えた。

第6章

ディエゴ・ベラスケス『ラス・メニーナス』

（一六五六年、油彩、プラド美術館、三一八×二七六㎝）

王と画家の蜜月

四度も結婚し、不出来な長男カルロスを死へ追いやったフェリペ二世だったが、けっきょく得たのはぼんくら息子の三世のみ。なかなか運命は皮肉である。

このフェリペ三世は、父二世が仕事に追いまくられる姿をずっと見てきて嫌気がさしたか、政務は寵臣《ちょうしん》へ丸投げし、彼らが私腹を肥やすにまかせ、自分はひたすら狩猟を愉《たの》しんで、存在感の薄いまま早死にした。おかげでその息子四世は弱冠十六歳で玉座に上り、スタート時点から父と同じ寵臣まかせの路線に乗るより他なかった。とはいえ、もともと意欲や能力に乏しかったのだろう、すっかりそこに安住してしまい、治世四十四年の間に「無能王」のあだ名を奉られることになる。

ただし美術品、なかんずく絵画に対する審美眼だけは、隔世遺伝か、祖父二世譲りのセンスの良さを発揮して、王室のコレクションを充実させてゆく（現在、世界三大美術館のひとつとされるマドリッドのプラド美術館［他にはパリのルーブル美術館、サンクト・ペテルブルクのエルミタージュ美術館］の基礎は、フェリペ二世とフェリペ四世が築いたといえるだろう）。四世は前代からのティツィアーノはもちろん、当時世界最高といわれたルーベンスのファンで、彼が死去したとき競売にかかった作品の目ぼしいものを全て買い取ったほどだ。

だが何と言っても四世の功績は、まだ駆け出しの若い画家ディエゴ・ベラスケスの実力を認め、宮廷画家として厚遇したことであろう（この時ベラスケス二十四歳、王十八歳）。

フェリペ四世はいったんベラスケスに自分の肖像を描かせると、他の画家の手になる作品に我慢ならなくなったらしく、王宮から撤去させてしまった。高度な写実、色彩の妙、豊か

ベラスケス『黒衣のフェリペ四世』
（1626～28年頃）

な表現、巧みな筆致、しかもわざとらしい修正なしに王者の気品と威厳――これはむしろベラスケス自身が備えていた美質ではなかったか――を、見る者に伝える術《すべ》を知っていたからだ。

ベラスケス描く四世の顔は、とうてい人好きするものではなく、長すぎる赤らんだ鼻、突き出た下唇と顎といった先祖代々の特徴がいっそう先鋭的に現れており、お世辞にも美男とは言いがたい。むしろ醜い方だろう。しかしこの醜い顔の王は、黒ずくめの服を身にまとい、何の背景もない空間に、ただすうっと立っているだけで、曰く言いがたい王の威光を放っている。

かくも理想化された君主の形を提示されれば、喜ばない者はいない。四世はすっかりベラスケスを気に入り、彼が落とした絵筆を拾ってやった、との言い伝えまで残されている。どこかで聞いた覚えはないだろうか？　そう、カール五世とティツィアーノの間にも、同一のエピソードがあった。王者と画家の親密な関係を証明するための、これはどうやらお定まりの作り話なのかもしれない。

絵筆の件はさておき、四世のベラスケスへの信任ぶりの証拠は枚挙にいとまがない。マドリッド市内の豪邸の他、王宮内に専用のアトリエを与え、画家としてばかりでなく官吏としても取り立て――最終的には、宮廷官吏の頂点たる王宮配室長職――、さらに貴族対象のサンティアゴ勲章まで授与している。未だ画家は芸術家というより職人と見なされがちだった時代に、これは望み得る最高の出世であった。

寡黙《かもく》で自己を語らないベラスケスが、だが幸せだったかどうかはわからない。ビジュアル的に全く魅力のない王一家を延々描き続けねばならなかったのは、いくら仕事とはいえ楽しかったはずがない、と断言する美術史家さえいる。ルーベンスのように、もっと神話や歴史などスケールの大きな作品を自在に描きたかったのではないか、との推測である。

ベラスケス『マリア・テレサ王女』（1652〜53年）

イタリアへ絵画の買い付けに行ったときなど、三年ももどらず、四世から矢の催促を受けて渋々帰国している。寡作だったのも官吏としての仕事が忙しすぎたからで、死因は過労死と言われる。四世の娘マリア・テレサとフランス王ルイ十四世の結婚式準備の責任を全うした二ヵ月後、六十一歳での突然死だった。

『ラス・メニーナスの謎』

ベラスケスの最高傑作であり、後世のゴヤ、ピカソ、マネらを魅了してやまなかった「絵画の中の絵画」――『ラス・メニーナス（＝宮廷の侍女たち）』は、死の四年前に描かれた。オペラ舞台のような巨大空間に、「王の家族」（これが当時の作品目録に載っていた、いわばオリジナル・タイトル）が、今なお生きてこの場にいるかのように、血の通った自然な動きを見せている。超絶技巧のベラスケスの筆により、鑑賞者もまた数世紀の時を超え、彼らと対面しているかに錯覚してしまう。

左端の、大キャンバスの前に立つのが画家本人だ。スペイン男らしい、情熱を押し殺したような暗い眼。

中央には小さなヒロイン、五歳のマルガリータ王女が、だだをこねているのか、頬をふくらませている。その世話をやくふたりの侍女たち。ひとりはあやすように跪《ひざまず》き、盆に載せた水差しを渡そうとしている。もうひとりは、こちらを見ながら宮廷式お辞儀をしている。

後ろでは修道女である女官長が廷臣と何やらおしゃべり中で、さらにその背後のドアから

『ラス・メニーナス』拡大図

別の廷臣が出てゆきかけて、ふと振り返ったところだ。

右下にはまどろむマスチフ犬。それをからかって足で軽く蹴っている少年と隣の成人女性は、ともに小人症の道化である（当時スペイン宮廷にはこれら軟骨無形成症やら超肥満体、巨人、黒人、阿呆、といった「慰み者」（！）や奴隷がおおぜいいた。特に小人症の人間たちは、ベラスケスが個別にすばらしい肖像画を残している）。

画面上の登場人物は九人。だがそれだけではない。中央奥の四角い鏡の中に、マルガリータの両親、即ちフェリペ四世と王妃マリアナが映っている。画家や侍女がなぜこちらへ眼を向けているか、という理由がこれだ。彼らが見つめているのは国王夫妻であって、鑑賞者たる我々ではなかったのだ。

企みに満ちたこの作品によって、ベラスケスは謎かけをしたのだろうか？　だとしたら彼の意図は達せられた。今に至るまで、画家がこの絵の中で何を描いているのか、という謎は完全には解けていないのだから。

さまざまな解釈がある。画家が王女の肖像を描いている最中に、突然国王夫妻がアトリエへ現れた図。逆に、国王夫妻の肖像を描いているところへ、お供の者を引き連れて王女が現れた図。あるいは、この画布の大きさからして、画家の描いているのはまさに『ラス・メニーナス』そのもので、鑑賞者にこの絵（キャンバス）の表と裏を同時に見せるための図。はたまた、スペイン王国を正式に継ぐのはマルガリータ王女、とアピールするための図……。

女王承認の予告絵画？

最後の説がなぜ出てきたかといえば、言うまでもなく（またまた）跡継ぎ問題だった。フェリペ四世は、若いころフランスのアンリ四世の娘と結婚し、溌剌とした皇太子バルタザール・カルロス（可愛らしい少年時代の姿をベラスケスが描いている）と一女（先述したマリア・テレサ）をもうけていた。ところがこの大事な跡取り息子は十七歳で若死にし、続いて王妃まで産褥で亡くなるという悲運にみまわれた。

ベラスケス『狩猟服姿のバルタザール・カルロス皇太子』（1635〜36年頃）

そこで再婚話が出るわけだが、王族の結婚というのはこれでなかなか難しい。スペインは超大

ベラスケス『王妃マリアナ』
（1652～53年頃）

国なので格下すぎる小国や貧しい国はだめだし、非カトリック国は論外だ。しかも子どもをたくさん産めそうな健康な相手となると限られる。そこで実妹の娘、つまり姪——二世の場合と全く同じパターンだ——を迎えることになった（それが『ラス・メニーナス』の鏡に映っている王妃マリアナだ）。

実はこのマリアナ、皇太子バルタザール・カルロスの婚約者だった（従兄妹婚の予定だった）。彼が早世したため、嫁ぎ先が宙に浮いてしまい、それならいっそ婚約者の父、つまり従兄の父、早い話が叔父だが、そこへ嫁げばいい、となったのだ。現代人の感覚からはとうてい容認しがたい思考回路だし、そもそもカトリック自体、近親婚を禁止しているはずだが、王族の場合は先に挙げた理由から相手が少なすぎるのでやむなしと、教会も見て見ぬふりが続いていた。こうして四十五歳の叔父と十五歳の姪の結婚は成立したのである。

初代から数えてどれほど血が濃くなっているか、もう一度ふり返ってみよう。

初代カルロス一世は従妹と、二代目フェリペ二世は姪（実妹が従兄との間に産んだ娘）と、三代目フェリペ三世は従兄の娘と、そして四代目フェリペ四世が姪（実妹の娘）と結婚している。婚姻線は入り組み、祖母はまた叔母でもある、というような複雑で怖気《おぞけ》をふるう近親関係のねじれ状態だ。

そんな中での出産は、とうぜん死産や先天性の病気、乳幼児死亡率の高さとなってあらわれ、そうした危険性について全く無知というわけでもなかったにもかかわらず、それでもなお高貴な青い血に下々の穢《けが》れた血を入れるよりはましだ、「血の純潔」こそが大事だ、というのが王家の選択なのであった。

こうしてマリアナは次々四人の子を産むが、マルガリータ以外は育たなかった。『ラス・メニーナス』が描かれているころ、フェリペ四世は五十一歳。当時としては老年であり、もはや男児が生まれる希《のぞ》みなしと、本人も宮廷も半ば諦めていた。

最初の妻との間にできたマリア・テレサはルイ十四世のところへ嫁ぐと決まっているのだから、スペインを継ぐのは五歳のマルガリータしかいないだろう。将来の女王を国内外へ認めさせるための、これは格好の予告絵画として機能した、という説はここからきている。

スペイン王国の斜陽

だが奇蹟が起こった。この五年後、四世は最後の頑張りを見せ、マリアナは男児を産む。マルガリータの弟、世継ぎの息子だ。

これによってマルガリータの運命も変わり、母と同じ十五歳で、母と同じ叔父姪婚が決まる。相手は母の実弟でもあり父の従弟でもある叔父（想像しただけで頭がおかしくなる）、オーストリアのレオポルト一世。濃い血族結婚のゆえか、彼女もまた母と同じく、産んだ子を次々亡くしたあげく、二十二歳の若さで亡くなってしまう（それを思えば、画面の中で我がままいっぱい、ぷいと横を向く表情まで痛々しく感じられてくるではないか）。

それはともかく、はたしてこの遅ればせの男児誕生は、スペインにとって良いことだったのだろうか？　少なくともハプスブルク家にとっては、凶と出た。マルガリータが女王になった方が、王朝がもう少し先まで延命できた可能性が高い。なぜなら偉大なる初代カルロス一世にちなんでカルロス二世と名づけられたこの奇蹟の子は、まもなく「呪われた子」と呼ばれるようになり、まさしく異様なまでに濃縮された血に呪われて、決して跡継ぎを作れないことが明らかになったからだ。

すでにスペインはゆっくり斜陽に向かっていた。祖父や曾祖父が営々と戦い、勝ち取ってきた財産を、フェリペ三世、フェリペ四世、カルロス二世で食い減らすという状況なのだが、しかし王が無能続きだからといって、必ずしも王朝が倒れるわけではないことは、歴史が証明している。では何が確実に王家を潰すかと言えば、それは跡継ぎのできないことだ。スペイン・ハプスブルク家は、ついにそんな事態に直面する。

カレーニョ・デ・ミランダ『カルロス二世』(1673年頃)

フェリペ四世は、まるで「慰み者」の道化のような姿の息子に激しく落胆し、人前に出すときにはヴェールを被せたという。四世自身が決して見映えの良い男性ではないのだから、これはよくよくだったのであろう。ベラスケスはもうこの世にいなかったので、カレーニョ・デ・ミランダがカルロス二世の肖像を描いたが、この宮廷画家は相当の粉飾をほどこしたらしく、同時代人の証言にある「王を見た人はみんな不安になった」「片脚を引きずって歩いていた」「常時よだれを流していた」「知能が低く精神も病んでいた」などは巧みに隠蔽《いんぺい》してある（にもかかわらず、二世が病気だということは画面からありあり伝わってくるが）。

皇太子は長生きできないだろうと、誰もが口をそろえた。しかし父王が失意のうちに世を去り、四歳で即位した後は、乳母の外おおぜいの医者、占星術師、祈禱師たちに囲まれ、壊れやすい歪《いび》つな陶器ででもあるかのように、大切に大切に扱われ、何と三十九歳まで生きのびる。とうぜん結婚もさせられた。

気の毒なのは相手の方だ。ルイ十四世の弟の娘が、華やかなフランス宮廷から黒ずくめの暗いスペイン宮廷へ無理やり連れて来られ、子どものできないのを責められ（国民は、原因がカルロス二世の方にあるとは知らされていなかった）、ストレスでぶくぶくに肥満し、鬱《うつ》状態のあげく早死にしてしまった。

スペインの終焉とフランスの台頭

宮廷はなおも奇蹟をたのんでいたようだ。多産の家系だからと、ドイツのプファルツ選帝侯の娘が再婚相手としてやってきた。二世はもうこのころには病状がかなりひどくなってい て、前妻の墓をあばいたり、異端審問の拷問を見るのが大好きで、苦しむ人間を見て興奮し ていたと言われている。そしてついに一七〇〇年、「生まれたときから死に瀕していた」と 言われたわりには長い粘りの末、息をひきとった。

カルロス一世(=カール五世)の生誕が一五〇〇年、そのちょうど二百年後の一七〇〇年 にカルロス二世の死。測ったようにぴったり二百年。五人の王。ここにスペイン・ハプスブ ルク家は完全に終焉《しゅうえん》を迎えた。

ルーツを同じくするオーストリア・ハプスブルク家は、もちろんスペインを手放す気はな かった。だからカルロス二世の死をじりじりして待ちながら、次の手を考えていたのだが、 それはスペインと婚姻関係を結んでいたフランスも同じこと。二世の生前から両者は激しい 鍔迫《つばぜ》り合いを交わし、死後はスペイン継承戦争へともつれ込む。十三年も続いたこの戦争の 後、スペインの王冠を手にしたのはフランス・ブルボン家であり、ハプスブルク家は永久に イベリア半島から撤退することになった。

それにより世界語も変わる。「黄金の世紀」を通じて、スペイン語こそがインターナショ ナル言語だったのに、ここを境に次第にフランス語に取って代わられるのである。

第7章
ジュゼッペ・アルチンボルド『ウェルトゥムヌスとしてのルドルフ二世』

（一五九一年頃、油彩、スクークロステシュ城［スウェーデン］、七〇・五×五七・五㎝）

一族最高の変わり者

スペイン・ハプスブルク家が血族結婚をくり返し、異様なまでに血を濃縮させて自滅の道を辿《たど》っているとき、枝分かれしたオーストリア・ハプスブルク家の方はどうなっていたかと言うと……。

こちらも別の意味で苦戦が続いていた。多民族を束ねる困難――ボヘミアやハンガリーのような古くからの王国は、ハプスブルク家支配下となっても、常に独立の機会を窺《うかが》っていた――に始まり、オスマン・トルコとの激しい攻防もくり返されたし、何よりルターの宗教改革が強い逆風となった。カトリック宗主国を任じるハプスブルク帝国としては、対プロテスタント戦争には絶対負けるわけにはゆかないからだ。

兄カール五世から神聖ローマ帝国の称号とオーストリアを継承したフェルディナント一世の悩みが、すでにもうプロテスタント問題であった。しかもまるで獅子身中の蟲のごとく、世継ぎの皇太子がルター派に共感しているというありさまで、王は息子を廃嫡するぞと脅さねばならなかった。イギリスではフェリペ二世の妻メアリー女王が、ブラッディ・メアリーぶりを発揮して、プロテスタントたちの首を切りまくっている時代なのである。

皇太子は表向き従順を装った。だが父王の逝去にともない、マクシミリアン二世として即位するや、帝国内の信仰の自由を認めるという挙に出て、今度は自分の妻と反目。

この妻というのは従妹、それもカール五世の娘でフェリペ二世の妹という続柄だったから、当然ごりごりのカトリック教徒で、彼女にしてみれば、隠れプロテスタントのごとき夫は許しがたい。十六人も子どもを成しながら、夫婦仲は良くなかった。夫が五十歳直前で逝去すると、彼女は生地スペインへもどり、「異教徒のいない土地は住みやすい」と言ったといわれる。

アーヘン『ルドルフ二世像』（1600年頃）

跡を継いだのが、二十三歳のルドルフ二世だ。ベクトルの正反対な両親に育てられた彼は、だからというわけでもあるまいけれど、歴代ハプスブルク家の中で群を抜く変わり者に育った。それはアルチンボルドに描かせた、この型破りな肖像画からも想像できよう。通常の画法による肖像画も残っているのでそれを見ると、実際の彼の顔は従兄妹婚だった両親の特徴をさらに強め、顎が突き出て下唇の腫《は》れた、典型的なハプスブルク顔だったとわかる。

当時の慣例どおり、ルドルフ二世も早くに婚約者は決まっていた。相手はフェリペ二世の娘（三度目の妻エリザベート・デ・ヴァロアとの間に生まれたイサベル）、つまりまたも純血を保つための従兄妹婚が仕組まれていたのだが、彼は未来の花嫁候補イサベルを二十年以上も待たせたあげく、けっきょく誰とも結婚しなかった。ここで血族結婚を重ねてゆけば、スペイン・ハプスブルク家の二の舞になっていたかもしれない。余談だが、ルドルフの姉はフェリペ二世の四番目の妻になっている。ということはもし彼がイサベルと結婚していれば、フェリペは彼の伯父（母の兄）であり、義兄（姉の夫）であるばかりか、舅（妻の父）となったわけだ！

ただしそんな理由で、ルドルフが正式の妻を持たなかったわけではないだろう。従妹が嫌なら別の王女、との可能性もないわけでなし（イサベルは三十過ぎてからトレド大司教と結婚した）、庶子は何人も作っているのだから、女性嫌いというわけでもない。なのになぜ、皇帝でありながら世継ぎを残さない選択をしたのか……。理由が不明ということこそ、彼の変人のさらなる証とされているのが面白い。

魔術にはまった教養人

ルドルフ二世は、結婚ばかりか政治にも無関心だった。母親に感化され、最初は厳しく新教を弾圧したものの、反乱が起これば融和策に転じるなど一貫せず（どうやら宗教にも関心は薄かったらしい）、終《しま》いには国政は臣下へまかせきりにして、一五八三年、首都ウィーンを離れプラハへ居城を移す。

その城に籠もって何をしたかといえば、金にあかせてひたすら「オタク心」を満足させたのである。そのため長くルドルフ二世は「無能なだけの奇人」扱いを受けてきた。しかし近年評価は変わりつつあり、奇人ながら「当時最高の知性を備えた教養人」で「学問と芸術の庇護者」と言われるようになってきた。

大航海時代を反映し、このころ王侯貴族は競って新世界からの到来物や新奇で珍奇なものを収集し、ヴンダーカマー（驚異の部屋）作りに熱中したのだが、コレクションの規模と多様さでルドルフに敵《かな》う者はいなかった。彼はありとあらゆるものを――美術品はもちろん、異国の動植物、昆虫標本、宝飾品、古代遺物、外国の貨幣、自動人形、動物の内臓、生きた異形の人間（『ラス・メニーナス』にその雰囲気がはっきり出ている）、あるいはその骨格標本に至るまで——集めまくり、雑多さにおいて間違いなく後世の博物学への先駆であった。

いかがわしい占い師や魔術師や錬金術師を集めた「オカルト皇帝」という決めつけも、この時代を考慮しない誹謗《ひぼう》で、当時は王侯貴族はもとより聖職者から下々の者たちまで、誰もが天使や悪魔の存在をリアルに信じていたのだ。天文学者と占星術師はほぼ同義であり、占星術は大学での正規の授業でもあった。錬金術にしても、「単体である金《きん》を物質操作で作るのは不可能」との知識が未だなかっただけの話で、黄金を製造しようとする化学実験が必ずしもおどろおどろしいものだったわけではない（半世紀後だが、金《きん》を作ろうとしてマイセン磁器を生んだ錬金術師ベットガーの大成功例もある）。

天文学者ケプラー

ルドルフ二世が庇護したもっとも有名な占星術師（＝天文学者）はケプラーで、宮廷に召し抱えられた彼は、天体の運行に関する「ケプラーの法則」を発見したし、また皇帝の死後ではあるが、その名にちなんだ星表「ルドルフ表」も作成している。その一方で、何とケプラーの母親は魔女裁判にかけられており、拷問にも屈しなかったから魔女ではない、として無罪放免にはなったが、六年も牢獄に入れられて肉体を痛めつけられたためか、出てまもなく亡くなっている。

この一事をもってしても、科学と迷信の混在する時代の有りようが理解されよう。ルドルフは皇帝だというのに独身を通し、政治にも戦争にも目をそむけていたから変人なのであって、オカルト好き、収集好きは、むしろこの時代の流行で、彼はそれを人には真似できないほどの規模で行なったにすぎない。

神話の視覚化

ルドルフ二世の美術に対する審美眼の確かさは、彼の絵画コレクション（デューラー、ブリューゲル、コレッジョなど）が、現在のウィーン美術史美術館の基盤となったことでも明らかだ。同時代の画家では、祖父の代からの宮廷画家、奇抜な画風で知られるミラノ出身のジュゼッペ・アルチンボルドを大の贔屓《ひいき》にし、貴族の称号まで与えている。

アルチンボルドは、動植物、野菜、果物、魚介類、本などを緻密《ちみつ》に組み合わせ、人間の顔に見たてた「合成人面像」の制作で知られ、その奇想と独創は多くの模倣を生んだ（江戸時代の浮世絵にまで影響を及ぼしている）。現代の我々から見ると、このような寄せ絵はパロディやジョークとしか感じられないが、彼の作品には高い教養と知識に裏打ちされた寓意《ぐうい》や象徴が――おそらく今となっては完全な解釈は難しいだろう――ちりばめられ、見る者の知的好奇心と眼の喜びをふたつながら充足させていた。

したがってこの、目玉の果てにいたるまで全て野菜・果物・花から成る『ウェルトゥムヌスとしてのルドルフ二世』も、皇帝をからかった不敬の肖像画などでは全然なく、本人から依頼され、本人を十全に満足させた、れっきとした宮廷肖像画（とはいえ、ルドルフ以外の誰がこんな肖像画を描かせようとしただろう?）なのである。

ウェルトゥムヌスというのは、めぐる季節を司る植物の神。オウィディウスの『変身物語』などによれば、この神にまつわるユーモラスで幸せなエピソードは――

ウェルトゥムヌスは果樹と園芸の女神ポモナをひそかに愛していたが、ポモナは言い寄る神々やサテュロスなどから逃れるため、自分の果樹園に籠もりきりだった。そこでウェルトゥムヌスは変身能力を発揮して、あるときは農民に、あるときは植木職人に、また葡萄《ぶどう》摘み

アルチンボルド自画像（1575年頃）

（左）アルチンボルド『火』（1566年）／（右）アルチンボルド『水』（1566年）

に、兵士に、釣り師にと変幻自在に姿を変え、彼女に接近しては口説いたが、ことごとく失敗する。

ついには白髪の老婆に化けて、「夫にはぜひウェルトゥムヌスをお選びなさい。あなたを愛しているし、あなたが育てた果物をまっさきに手にするのも、季節神ウェルトゥムヌスですからね」と力説したのに、なおもポモナの心を動かすことはできない。がっかりしたウェルトゥムヌスが、ふっと本来の自分の姿へもどると……。

ポモナはその若々しく美しいウェルトゥムヌスのほんとうの姿に、たちまち恋してしまうのだ。こうしてふたりの神は結ばれる。めでたし、めでたし——。

季節の移ろいを神の変身能力になぞらえた、古代人の想像力の飛翔の何というすばらしさ。アルチンボルドもまた想像力を飛翔させ、このウェルトゥムヌスを皇帝ルドルフに重ねるにあたり、彼の変身能力を視覚化する。

即ちこの絵は、ウェルトゥムヌスがルドルフに姿を変えた瞬間を描いているのだ。

洋梨、葡萄、さくらんぼ、桃、林檎、苺、トウモロコシ、カボチャ、瓜、玉葱、人参、豆、百合、薔薇……季節の豊かな植物にびっしり埋まった上半身像。もちろんそれぞれにイコノロジー的な、たとえば林檎なら知恵、葡萄なら喜び、玉葱なら不死、百合なら清浄、といった解釈ができるのだろうし、顔のどの部位にどの植物が当てはめられているか、というのも解読の楽しみを与えたのかもしれない。先述したように、残念ながら今となっては意味を完全に取るのは不可能だ。

だがルドルフ二世を讃えるのに、ゼウスでもアポロンでもなく、他ならぬウェルトゥムヌスが選ばれたのは、間違いなくこの神の変身能力ゆえであろう。皇帝は自らも錬金術の実験にいそしみ、いろんな物質を精製しては黄金に変えようとしていたのだし、魔術を研究して本気で変身しようともしていたのだから。

三十年戦争の勃発

ルドルフがこうして自分の世界に浸り、帝国を放置している間、ハンガリー総司令官としてオスマン・トルコと戦っていた弟のマチアスは、怒り心頭に発していた。まあ、無理もない。

野心満々のマチアスは、無能な兄より自分が皇帝になった方がハプスブルク家のためになると信じ、次々と兄から実権を奪ってゆく。晩年のルドルフは鬱状態だったとの噂もあり、

三十年戦争図（マクデブルクの戦い、1631年）

そのせいもあったのか、神聖ローマ皇帝の座まで弟に譲ったあげく、最後は城に監禁状態、六十歳でひっそり世を去った。

王朝は弟の系統へ移るのか？　いや、実はいとこ婚していたこのマチアスにも、子はいなかった。おまけに帝位を我が物にした五年後には早くも死の床につき、おかげで帝冠はさらに移動することになる。

漁夫の利を得たのは、マクシミリアン二世の弟の子、即ちルドルフやマチアスの従弟、フェルディナント二世である。こちらはフェリペ二世なみのカトリック教徒だったから、これまでの新旧教徒融和策など一顧だにせず、ハプスブルク家は長い恐ろしい「三十年戦争」（一六一八～四八年）へと突入することになった。

ヨーロッパ諸国を巻き込んだ三十年戦争は、カトリック対プロテスタントの、最大にして最後の宗教戦争であり、舞台となったドイツの荒廃ははなはだしく、これでドイツはいっそう後進国へ成り下がった。ハプスブルク家はブルボン家に破れ、ここからヨーロッパにおけるフランスの優位性が確定する。ただしハプスブルクは領土が縮小した反面、自領からプロテスタントを一掃でき、以降、宗教問題に悩まされることはなくなった。

ちなみにルドルフ二世が一生を費やして集めた珍品コレクションだが、この戦争でかなりの部分が破壊、散逸《さんいつ》してしまった。

第8章

アドルフ・メンツェル『フリードリヒ大王のフルート・コンサート』

（一八五二年、油彩、ベルリン国立絵画館、一四二×二〇五cm）

男だけのコンサート?

ここはベルリン郊外ポツダムにある、サン・スーシ宮殿の広間。壁鏡や椅子、譜面台などの装飾にドイツ・ロココの華やぎが漂い、シャンデリアの煌めきとロウソクの炎のゆらめく中、こぢんまりしたコンサートがおこなわれている。

端正な横顔を見せて一心にフルートを吹く壮年の男性が、身分の低い音楽家などでないことは、女性を除く客たちが皆、椅子に腰かけるのを許されず、立ったまま耳を傾けているのでもわかる。彼こそがこの宮殿の主であり、プロイセンを一躍ヨーロッパ列強に押し上げた「大王」ことフリードリヒ二世なのだ。

ドイツ人でありながら「ドイツ語は馬丁《ばてい》の言葉」として使わず、フランス語で読み書き話し(サン・スーシも「憂いなき」の意のフランス語)、啓蒙思想家ヴォルテールを招くなどフランス文化に心酔しきっていた大王だが、音楽だけはイタリアやドイツ作品好みなので、もしかするとここで演奏しているのも、ヨハン・セバスチャン・バッハから贈られたフーガ『音楽の捧げ物』かもしれない。その老バッハの息子、カール・フィリップ・バッハが宮廷音楽家として長く仕えており、今もチェンバロで伴奏を務めている。

右端の壁際には、フルートの師クヴァンツ。教え子の腕前に満足かどうか、この表情からはうかがえない。「王の演奏には誰もが魅了された」との同時代人の証言はあっても、太陽に扮してバレエを踊った若きルイ十四世の場合と同じく、実際どの程度の腕前だったかは今となっては不明である（なにしろ大王のコンサートに招待されるというだけで、すでに大変な名誉なのだから）。

そのあたりも含ませたかったのだろうか、ドイツ・リアリズムの画家アドルフ・メンツェルは、およそ百年前の宮廷コンサートを再現するにあたり、心から演奏を愉しむ客（一番左端）とともに、退屈して天井に目をやる客（左から三人目）をも描き込んでいる。

赤いソファに座り首をかしげているのは、彼の姉だ。居てしかるべき王妃は、一度もサン・スーシに足を踏み入れたことはない。結婚直後からずっと別居状態なのだ。

それは王妃の落ち度ではなく、単にフリードリヒが女性嫌いで——母と姉しか愛さなかった——、女性に触れるのも嫌だったからにすぎない（とうぜん子孫を残す考えはなく、王位は甥へ譲ることになった）。大王の周りには軍人や文人ばかりがひしめき、プロイセン宮廷は他国の宮廷に比べて極端に女性の数が少なかった。その意味においてこの歴史画は、鑑賞者に誤解を与えるかもしれない。つまり大王の私的コンサートを楽しんだ者の半数は着飾った女性たちだった、との誤った情報を。

帝国を担った皇女

さて、この啓蒙専制君主フリードリヒ大王だが、ハプスブルクの系列なのか?——とんでもない。むしろ不倶戴天《ふぐたいてん》の敵であった。

かつてフェリペ二世の前にエリザベス一世が好敵手として立ちはだかったように、今またハプスブルク家には手強《てごわ》い相手が現れ、マリア・テレジア女帝が戦うのは、「悪魔」だ。皮肉なことに、フェリペとエリザベス同様、マリア・テレジアとフリードリヒにも、若いころには縁談が持ち上がったことがある(もし実現していれば子どもはひとりも生まれなかったろうから、間違いなくマリー・アントワネットの悲劇はなかった)。

マリア・テレジアの父は、カール六世。前章で書いたように、王朝はルドルフ二世から弟マチアスに移り、さらにフェルディナント二世へ移っていた。カール六世はそれから三代目にあたる。ただし彼も長男ではなく、兄王の急死を受けて帝位を継ぎ、三十年戦争で疲弊した国をどうにか立て直すという功績を残した。だがまたしても後継者問題だ。男児に恵まれず、長女マリア・テレジアに国を託すしかなかった。

その前に、もう少し時を巻きもどそう。

カール六世がハプスブルクに君臨して半世紀近くなろうとするころ、ご近所プロイセンで凄まじい親子喧嘩（というより父親による息子虐待に近い）が発生した。新興プロイセンは人口二百万の弱小国ながら、二代目フリードリヒ・ヴィルヘルム一世治世下で、質実剛健な軍事国家に変貌しつつあったのだが、王は世継ぎの長男（後のフリードリヒ大王）に自分と同じ軍人王としての資質を見つけられなかった。フルートを吹き、哲学書を読み、フランス風に身を装うマザコン息子は、父の眼からは「女の腐ったような軟弱者」でしかない。

そこで息子の蔵書を取り上げ楽器を壊し、杖で殴ったり食事を与えなかったり、傍目《はため》にも異常なほどの「躾《しつ》け」がくり返され、とうとう十八歳の息子は友人の少尉の手引きで祖母ゾフィア・ドロテアの生地イギリスへの逃亡を図る。これが父親に筒抜けとなり、友人は息子の眼の前で処刑され（息子は死にゆく友に向かい、「わたしを許してくれ！」と喚《わめ》

11歳のマリア・テレジア（1728年）

き、情けなくも失神）、息子も要塞に幽閉された。

フリードリヒ・ヴィルヘルム一世は、この時点では本気で息子も処刑するつもりだったらしい。そこへ仲裁の手を差しのべたのがカール六世で、おかげで息子は殺されもせず廃嫡もされず、無事この十年後にフリードリヒ二世として即位できた。ハプスブルク家に恩を感じてしかるべきであろう。

再びハプスブルク家の事情へもどると、こちらは相変わらず世継ぎのないままだった。男児さえいれば、マリア・テレジアをプロイセンの軟弱息子と結婚させ（相手はプロテスタントなので実現性はそう高くなかったにせよ）、いつもの流儀で国土を拡張することもできたが、そうはうまく進まない。

そのうち軟弱息子は父王の命令でブラウンシュヴァイク＝リューネブルク公の娘と結婚（先述したように仮面夫婦だが）してしまったし、マリア・テレジアはといえば、初恋を貫いてロートリンゲン公爵の長子フランツ・シュテファンと結ばれた。カール六世の最後の願いは、自分の生きているうちに男児の孫が誕生することだったが、マリア・テレジアがたて続けに産んだ三人はどれも女児だった。

カール六世とて漫然と楽観主義にしがみついていたわけではない。早い段階から万が一を慮《おもんぱか》って、領土不可分と長子相続（女系継承を認めたもの）に関する詔書を作成し、さまざまな犠牲をはらってフランス、イギリス、スペイン、プロイセンなど各国の承認を得ていた。秀吉が家康たち有力者に向かい、どうかどうかよろしうお頼みもうす、と我が子秀頼の相続を懇願したのと同じ状況である。こうして一七四〇年、カール六世は逝去、マリア・テレジアが跡を継ごうとした。

フリードリヒ二世

悪魔と化したフリードリヒ

すると何が起きたか？

詔書は紙屑となる。

この半年ほど前にプロイセンの王座についていた二十八歳のフリードリヒ二世が、誰よりも早く動いたのだ。「女の腐ったような奴」が「モンスター」へと、みごとに変身した瞬間だ。宣戦布告もなく、ただずいっと三万の軍を、オーストリア領シュレージエンへ動員。

「近世におけるもっともセンセーショナルな犯罪」と断じる後世の歴史家もいるほどの、人の弱みに付け込んだ非道ぶりである。

誰もが吃驚《きっきょう》した。父王の言いなりになっていたこの新王を、諸国はすっかり見くびっていたし、ましてハプスブルク家にとっては、恩を仇で返されたようなものではないか。

フリードリヒの動きに、周辺国もさっそく追随する。「サリカ法では女子の相続は認められていない」を盾に、フランス、スペイン、バイエルン、ザクセンが続々参入して、ハプスブルク家を断絶させにかかってきた。これが八年にわたる「オーストリア継承戦争」の始まりで、四人目をみごもっていた二十三歳のマリア・テレジアは、頼りない夫を押しのけ――そうはいってもフランツ・シュテファンは蓄財能力抜群だったので、山内一豊の妻の男性ヴァージョンで、妻に軍資金をせっせと与えた――、自ら陣頭に立ち、ハンガリーを味方につけ、奮戦の末どうにかこうにか神聖ローマ帝国の座を守り抜いた。女ながらあっぱれな政治手腕をヨーロッパ中に示し、一目置かせたのである。

ただし妥協はやむを得ず、神聖ローマ帝国皇帝には夫がフランツ一世として即位し、マリア・テレジアは正式にはその皇后という形になった（実質的には政治は全て彼女が取り仕切ったので、「女帝」と通称される）。だが何より彼女を悔やしがらせたのは、ついに豊かな穀倉地帯シュレージエンを奪還できなかったことだ。

マリア・テレジアは死ぬまでフリードリヒを蛇蝎《だかつ》のごとく忌み嫌い、「悪魔」「モンスター」「シュレージエン泥棒」と罵《のの》り続けた。彼がコーヒー好きなことまで悪罵《あくば》の種にしている。

敵までも惹きつける王

ハプスブルクから見れば、確かにフリードリヒ大王は恩知らずの悪魔であろう。だが何もハプスブルク家の繁栄だけが「良い歴史」というわけでもない。大王には大王の守るべき国があったにすぎない。事実彼は自分の侵略行為を、国民のために行なった「王としての義務」だと、堂々と述べている。しかもシュレージエンを奪ったあとは、それ以上の領地拡大を要求しなかった。

こうした新しい型の君主の登場で、ヨーロッパの勢力地図は塗り替えられ、オーストリアはわき腹にプロイセンという刃を常時突きつけられた形となる。しかもプロイセンがイギリスと接近したことにより、これまでの敵フランスと手を組まざるを得なくなった（それがアントワネットとルイ十六世の結婚につながる）。

面白いことにフリードリヒ大王は、当時のいわばスーパースターとなってゆく。ハプスブルクの圧制に苦しんでいた人々は、強国に一泡吹かせた新興国の若き王に単純に快哉《かいさい》を叫んだし、さまざまな国で宗教弾圧を受けていた人々は、彼の寛容な宗教政策に救いを求めてプロイセンへ流れ込んできた。大王一代で国の人口を三倍の六百万にまで増やし（ハプスブルク領八百万、イギリス七百万）、ハプスブルクと肩を並べる軍事大国に押し上げたのだから、その手腕を買う人々が出るのも当然であろう。

中でもロシアのピョートル三世は——政治能力がなさすぎるため、やがて妻のエカテリーナ（後の女帝）に殺されてしまうのだが——、大王の胸像や肖像画を飾ったり、プロイセンの軍服を着用するほど無条件に崇拝していた。同時代の哲学者カントも「フリードリヒの時代」を賞讃したし、モーツァルトも（ファンだったかどうかは定かでないが）遺品の中に『フリードリヒ二世遺稿集』があったのが知られているので、おそらく読んでいたのだろう。

それどころか、マリア・テレジアの長男ヨーゼフ——大王が仕掛けたオーストリア継承戦争時、彼女のおなかにいたハプスブルクの世継ぎ（！）——までが、呆れたことに、彼のファンになってしまう。なぜなら「王は国家第一の下僕」と唱えるフリードリヒ大王の改革——拷問や検閲の廃止、信仰の自由、法秩序や軍隊の近代化——はどれも、同じ啓蒙専制君主を目指すヨーゼフの理想だったばかりでなく、大王の禁欲的生活や、楽器を巧みに演奏したり自ら作曲し、芸術を振興し、ヴォルテールら当時最高のインテリたちと深く交流する姿も、尊敬と憧れをかきたてたからだ。

長じて、母親との共同統治者となったヨーゼフ二世は、彼女が怒るのを承知で幾度か大王と会見し、ともにポーランド分割（要するに小国をパイのように切り分け、滅亡させること）まで行なうようになる。これは晩年のマリア・テレジアをいたく歎かせた。

革命への道程

フリードリヒ大王の方は、マリア・テレジアをどう思っていたのだろう？

個人的には一目置いていたらしい。弱肉強食の熾烈な領土獲得合戦時代に、継承戦争を耐えてハプスブルク家を守り、粘り強い婚姻政策を続け、多民族国家の舵取りをうまくやってのけたのは、マリア・テレジアが類稀《たぐいまれ》な女傑《じょけつ》であればこそだ。いくら女性蔑視のフリードリヒであっても、それは認めざるを得なかった。しかも彼女は多忙な政務の中、なんと子どもを十六人も（うち六人は早逝）産んでいる。家庭というものを持たずに終わったフリードリヒに、とうてい真似のできない技である。

宿敵同士のこのふたりは、性格的には片や破格そのもの、片や真面目一方という違いこそあれ、鋭敏な政治能力において、また行動の冷徹さにおいては、非常に似かよったところがあった。大王は純粋な科学的探究と称して、生身の人間を使った実験をいろいろしており、とりわけ残酷なのは捨て子を使ったもの。赤ん坊にミルクだけ与え、いっさいの肉体的接触を禁じるとどうなるか試した。赤子は次々みんな死んでしまい、人間にとって肌のぬくもりの大切さが証明されたというわけだ。絶対主義時代の君主の言う「啓蒙」の中身たるや、とうてい現代人の感情と相容《あいい》れるものではない。

女帝もそうだ。彼女が自分の娘たちを政治のカードとしたやり方には――自分自身は初恋の相手と結ばれ、円満な夫婦生活を享受しただけになお――寒々しいものがあり、母親的な情愛はあまり伝わってこない。間違いなく彼女には、娘たちの幸せよりハプスブルクの繁栄の方が大事だった。

成人まで育った娘たちへの、マリア・テレジアの采配はというと――。

次女マリア・アンナ。身体が弱く、子どもは産めないと見て、女学校を建て、そこの校長にする。アンナは後に修道院へ入り、五十一歳で未婚のまま死去。

四女マリア・クリスティーネ。衆目の一致するところ、この娘だけは溺愛したようで、小国の公子との恋愛結婚を許す。五十六歳で死去。

五女マリア・エリザベート。一時はルイ十五世と結婚させようとしたが、天然痘にかかって醜貌となったため、姉アンナと同じ女学校へ追いやる。六十五歳で未婚のまま死去。

晩年のマリア・テレジア

六女マリア・アマーリエ。パルマ公の愚劣さを知りながら、領地を維持するため、嫌がるのを無理に嫁がせた。しかも公国の財政を破綻《はたん》させたとして、後に勘当。五十七歳で死去。

九女マリア・ヨーゼファ。ナポリ王と結婚する直前、十六歳で死去。

十女マリア・カロリーネ。もっとも自分に似ていると期待した娘だが、九女が急死したため、玉突きよろしく、ナポリ王へ嫁がせる。十八人の子を産み、六十二歳で死去。

十一女マリア・アントニア。言わずと知れたマリー・アントワネット。ルイ十六世の無能も娘の凡庸さも十分知りながら、政治家マリア・テレジアは躊躇《ためら》うことなく駒として動かした。三十八歳で処刑される。

こうして見るとマリア・テレジアの王者的決断も凄いが、それ以上に運命の皮肉を強く感じさせられる。もし九女が若死にせず順当にナポリへ嫁いでいれば、フランス王妃になったのは一番の才女カロリーネだったろう。アントワネットは自分にふさわしい小さな国に嫁いで、あんがい幸せになれたかもしれない。

フランス革命は……。

それこそ虚《むな》しい歴史の「ｉｆ」である。

フリードリヒ大王は革命勃発の三年前、マリア・テレジアは九年前に、この世を去っていた。

第9章
エリザベート・ヴィジェ＝ルブラン『マリー・アントワネットと子どもたち』

（一七八七年、油彩、ヴェルサイユ宮殿美術館、二七五×二一五㎝）

運命的な政略結婚

長く対立し続けてきたオーストリアとフランスは、イギリスがプロイセンと手を組んだことでお互い危機感を募らせ、「敵の敵は味方」という歴史の理《ことわり》に従って友好路線に乗り換えた。ここで俄然ハプスブルク家の家訓──「戦争は他の者にまかせておくがいい。幸いなるかなオーストリアよ、汝は結婚すべし！」──が生きてくる。

いろんな案が浮上した。妻にも寵姫《ちょうき》ポンパドゥール夫人にも先立たれたルイ十五世と、マリア・テレジアの五女を娶《めあ》わせてはどうか？（十五世がさっさと次の寵姫デュ・バリー夫人を見つけてしまう）。二度目の妻を亡くしたばかりのヨーゼフ二世と、十五世の三人娘の誰かを結婚させては如何《いかん》？（ヨーゼフが年増は嫌だと断った）。十五世の孫で王位継承者ルイ・オーギュストと、十女マリア・カロリーネがいいのでは？（カロリーネはナポリ王妃となった）。

というわけで最終的に双方が合意したのは、ルイ・オーギュスト（後のルイ十六世）とマリア・アントニア（フランス語読みでマリー・アントワネット）の組み合わせだったが、合意後の正式決定に至るまでにもさらなる時間を要し、マリア・テレジアをやきもきさせた。なぜならそれはフランスにいまだ反オーストリアの気分が消えず──だからこそ後年「オーストリア女」という敵意むき出しの言葉が、アントワネットに投げつけられるのだ——、大っぴらに婚姻反対を唱える者がいる証拠だったし、あまり長引けば、あの悪魔フリードリヒ大王が妨害工作をしかねないからだ。

そんなわけで無事結婚申し込みの外交文書が届くと女帝はすっかり安堵し、その安堵を前にしては、たとえ娘の相手になる王太子が凡庸で外見も冴えず、とうてい王の器ではないとの情報が入ったとしても、また、これまで一冊の本すら読み通したことのない遊び好きで浅はかな我が末娘に、強大国の王妃が務まるのかという懸念すらも、ささいなことのように思えるのだった。

スピネットを弾くマリー・アントワネット（1769年）

不吉な結婚式

マリア・アントニアがマリー・アントワネットへ変わる場は、国境を流れるライン川の中洲と取り決められた。急ごしらえで建てられたその聖所で、十四歳の花嫁はフランス側へ引き渡される。

建物は儀式終了後すぐ解体され今は残っていないが、幸いにして、これ以上ないほどの歴史的証人を得た。当時シュトラースブルク大学の学生だったドイツの文豪ゲーテがそれで、彼は監視員に小銭をつかませ、友人たちと内部へもぐりこむ（自伝『詩と真実』に詳しい）。そこには華麗なゴブラン織の布が掛けられており、よく見るとその布に描かれている絵は何と、ギリシャ神話の『メディア』——夫の裏切りを許せず、夫との間にできた自分の子どもたちを殺した異国の王女——の、血なまぐさい物語ではないか。びっくりしたゲーテはこう叫んだという。

「これはひどい！　若い王太子妃が御輿入れなさろうという時に、戦慄《せんりつ》すべき結婚の例をお目にかけるとは。絵が感情や感覚に訴え、予感をひきおこすものと知っている人間はいなかったのか！」

不吉な「予感」は、だがこれだけではない。ヴェルサイユで開催された結婚祝宴には史上最大の花火を打ち上げる予定だったのに、今の今まで晴れていた空がにわかに搔《か》き曇り、雷まじりの大嵐になって、集まった市民たちを蹴散らした。改めて日と場所を変え花火の祭典が行なわれると、今度は群集があふれかえる混乱の中、百人以上の死傷者が出た。

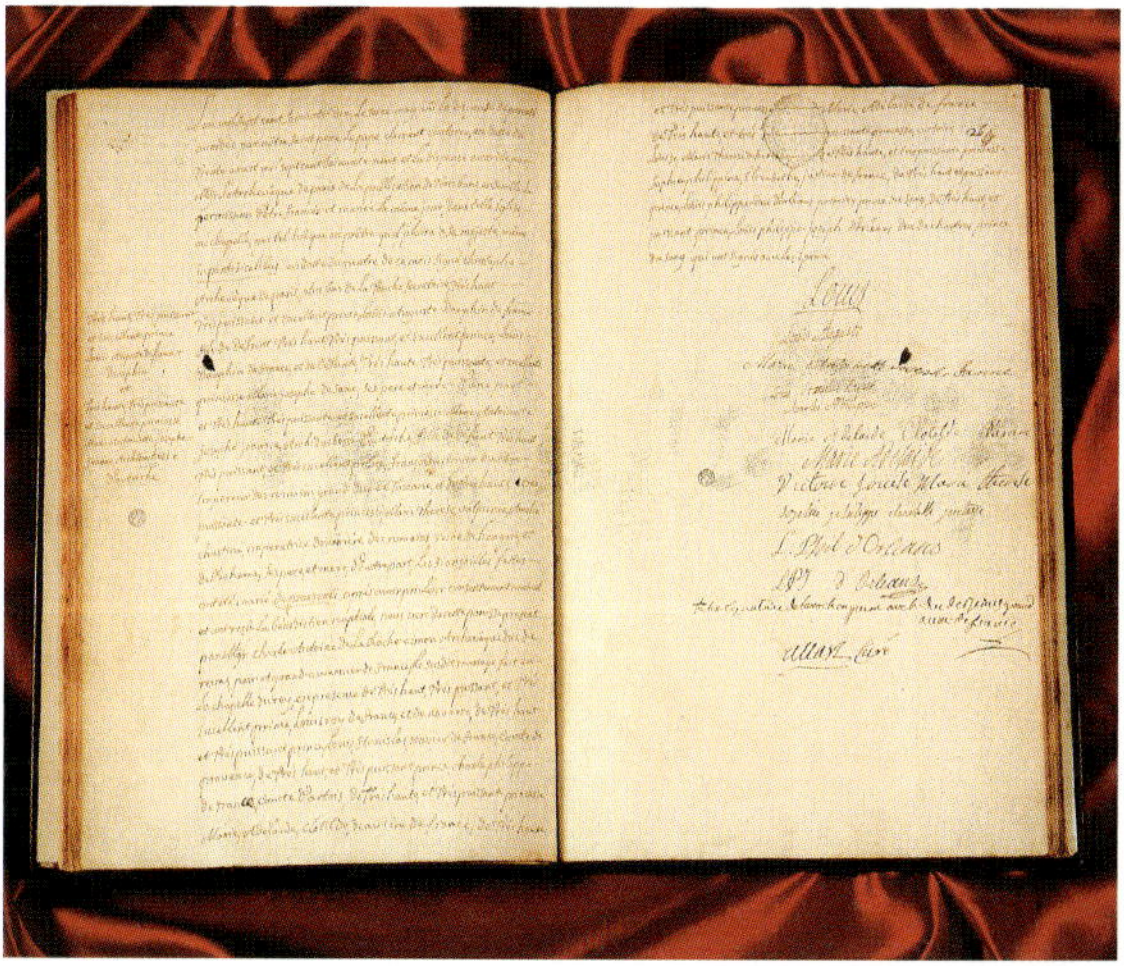

マリー・アントワネットの結婚契約書

極めつきは、礼拝堂での結婚契約書作成儀式だ。アントワネットが子どもっぽい字で「マリー・アントワネット・ジョゼファ・ジャンヌ」とサインし終え、ペンを上げると、ぽたりとインクが落ち、名前の上に大きな――誰の目にも禍々《まがまが》しい――黒いシミを作ってしまう（そのまま書を閉じたため、前のページにまで汚いシミの跡が移った）。

またここには、新夫婦の他ルイ十五世をはじめ十人ほどが署名しているのだが、皆、罫線がなくともまっすぐサインしており（ぼんくらと言われた王太子ルイの達筆には驚く）、アントワネットの名前だけがシミの箇所から右肩下がりになっているのが目を引く。憂いなき幸せな前半の人生から、ゆっくり下降線をたどる衰運の予兆のように……。

とはいえ、未来の王妃としてフランス入りしたアントワネットを、国民の大多数は平和の象徴として歓迎した。彼女の若々しさ、初々しさが好感を持たれたのは間違いない。正統派美女というわけではないが、アントワネットは卵形の顔だち、なめらかな白い肌、生き生きした瞳の持ち主で、やや鷲鼻気味の鼻も貴族的とされたし、ハプスブルク家の特徴である受け口も、彼女の場合は可愛らしさに転化していた。何より引き締まったスリムな身体と軽やかな身のこなし、生まれついての女王然とした態度は、粗捜しの得意な宮廷人たちまでをも感服させた。

若さ故の放蕩

このように出だしがスムーズで、一見やすやすとフランスを征服したかに感じられたことは、アントワネットにとってむしろ災いであった。彼女は国を出る前も、そして王妃となってからも手紙で母親から、この度の結婚は墺仏外交上、いや、ヨーロッパの安定上いかに大事かを諄々《じゅんじゅん》と説き聞かされ、宮廷内の反ハプスブルク勢力を刺激してはならない、つい最近まで敵国同士だったということを肝に銘じ、反感を買わないよう身を慎むべき、と厳しく言い含められているにもかかわらず、ひとたび舞い上がり、何も努力せずとも自分の存在自体が人々に満足を与えるのだと増長するや、生来の怠け癖に身をまかせ、敵の影さえ感じられなくなってしまう。そして窮屈な宮廷儀礼を無視し、遊びほうける。芝居、賭け事、仮面・仮装舞踏会、衣装狂い、宝石狂い……。

しかし憑かれたようなこの遊び三昧に関しては、アントワネットひとりを責めるのは酷だろう。十八歳で王太子妃から王妃となった彼女は、健康な肉体、多産の家系をバックに持ち、しかも母から早く世継ぎを作れと矢の催促を受けながら、未だ子どもを産むことができなかった。これは誇り高いハプスブルク家の者にとって、屈辱以外の何ものでもない。悪いのはひとえに夫のルイ十六世で（とにかく最大の幻滅は、一歳年上のこの夫なのだ）、彼は臆病のあまり簡単な外科手術を拒み続け、ようやくなけなしの勇気をふりしぼって肉体的欠陥を矯正《きょうせい》したのは、そしてほんとうの意味で夫になり、次いで父となったのは、結婚後、丸七年もたってからだった。

七年。これは長い。長すぎた。無為に費やされたこの日々にアントワネットは軽率な行動をくり返し、そんな彼女から人心は離れていった。

鳴りをひそめて爪を研いでいた反オーストリア派は、反ルイ十六世派（弟や従兄弟が王位を狙っていた）、反アントワネット派（彼女に疎んじられた貴族たち）と手を結び、さらには宮廷外の反王政派までも巻き込んで一大勢力を形作る。おまけに先々代のルイ十四世末期（戦争のし過ぎ）から減り始めていた国庫は、先代の十五世（浪費と寒冷期による不作）でさらに減り、今やカラに近かったから、不満は上層部から末端にまでまんべんなくくすぶっていた。どちらへ課税しようとしても大反対が起き、王が為す術もなく手をこまぬいているうち経済はさらに悪化するという、負のスパイラル。

そんな状態で世継ぎの王子が生まれたからといって、もはや国中で浮かれるという気分にはならない。

鬱屈した怒りは打開を求めてスケープゴートを捜す。ルイ十六世に女性への関心が薄かったのも、アントワネットには不運だった。フランス王にはこれまで「公式寵姫《ちようき》」なるものがいて、彼女がいわば緩衝材の役割を担っていた。寵姫は単なる愛妾《あいしよう》ではなく、大勢いる王の相手の中からただひとり選ばれ、宮殿に王妃より広い居室を与えられ、特別行事をのぞいては宮廷の華やかさをほとんど独占する存在だ。その代わり、いったん政策が失敗したり赤字が重なれば、「彼女が政治に口を出したからだ」「彼女が贅沢三昧したからだ」と全ての憎悪も引き受けねばならない（十五世の代わりに政務を執ったポンパドゥール夫人が、半ば過労死したのもむべなるかな）。

　おかげで代々、王妃は守られてきたわけだが、十六世はついに寵姫を持たなかったせいで、いやでもアントワネットが目立ち、「友人を贔屓して大臣に取り立てた」「衣装代で国を潰す赤字夫人だ」など、憎悪は直接ぶつけられることになった。

　皮肉にもこうした批難は――自業自得のものもあったが、全く根も葉もない陰口も多かった――、アントワネットが派手な遊びを控えはじめ、王位継承者の息子を育てる母として、ようやく王妃たる自覚を持ち始めたころ噴出する。マリア・テレジアの心配したとおりのことが起こりつつあった。なのにこの偉大なる政治家

ルイ十六世

は、娘が一番必要としたその時にはすでに世を去っていた。

歴史の大津波が近づきつつある中、決断力を欠いた王と、何につけても勉強不足の王妃のコンビでは、ただただ翻弄されるだけなのは目に見えている。

描かれた死の匂い

この『マリー・アントワネットと子どもたち』は、アントワネット三十二歳の肖像画である。

描いたのは当時もっとも成功した女性画家エリザベート・ヴィジェ＝ルブランで、この八年ほど前に初めて王妃の肖像画を手がけて以来、すっかり気に入られ、ほとんどアントワネット専属のように彼女の絵を二十点以上も描いている。当時の肖像画家は、衣装の色や質感をどれほどリアルに表現できるかで評価されたというが、ヴィジェ＝ルブランはそれに加えて対象を実際以上に優美に描く術を知っており、とりわけ貴族女性たちからの人気を誇った。

中でも本作は、彼女の筆の冴えがのびやかに発揮された秀作とされる。女盛りを迎えた王妃の美しさ、子どもたちの愛らしい仕草、スカートに縁取りされた毛皮やレースの繊細な描写。色彩も、華やかな赤を基調にしながら全体はしっとり落ち着いた印象を与え、完成度が高い。

にもかかわらず、当時この絵はあまり好意をもたれなかった。画家に責任はなく、モデルが憎まれすぎていたからだ。ちょうど有名な「首飾り事件」（アントワネットの名前を利用した詐欺事件）が不快な決着を見た後――首飾りをしていないのはそのせいなのか?――、放埒《ほうらつ》で傲慢な赤字夫人はこの絵で自分の悪評を揉《も》み消そうとした、つまりこれは、やさしく我が子を抱く家庭的な王妃のイメージを国民に浸透させようとのプロパガンダ絵画、と見なされたのである。

確かにそうした意図がなかったとは言えまい。遅ればせながらアントワネットは、「国母」のイメージで敬愛されたマリア・テレジアに倣おうとしたようだ。これまたあまりに遅すぎたが……。

温かな色彩で描かれた、情愛あふれる母子の触れ合い。けれど絵からは幸福感が漂ってこない。皆の視線はばらばらで、アントワネットの表情もどことなく虚《うつ》ろだ。長男が指さす緑色の幼児用ベッドは無人で、黒々と無気味に口を開けている。それもそのはず、ここに寝ていた次女が亡くなったばかり。この絵は、我が子を失った可哀《かわい》そうな王妃、というもうひとつのメッセージをも伝えているのだ。

しかし「パンがなければお菓子を食べればいい」と言い放ったとされる（もちろんこれは反アントワネット派が流したデマだが）王妃を、今さら誰が気の毒と思うだろう？　そもそも長期にわたる貧困と飢えで、国民にとって死はあまりに日常で、「オーストリア女」へ同情する余地などなかった。革命はこのわずか二年後である。

絵を鑑賞する我々は、母子にひたひた迫る革命の気配を感じて暗澹《あんたん》とせざるを得ない。運命は、何の罪もない子どもたちに対して、ずいぶんと残酷だった。

革命直前に病死した長男ルイ・ジョゼフ（ベッド＝死を指さしていた子）が、ある意味一番幸運といえるほどだ。母の膝の上にいる次男ルイ・シャルルは兄の死後、王位継承の筆頭となり、それがためギロチンにかけられるよりもっと陰惨な目にあわされた。物心ついた段階から幽閉され、最後はたったひとり、光も当たらぬ独房で、動物以下の扱いを受けてゆっくり生殺しにされたのだ。

長女マリー・テレーズの場合は、幽閉されたときが十三歳という思春期だったし、四年もの監獄生活は女性ということもあって口に出せない地獄を見たであろう。人質交換でオーストリアに帰されてしばらくは、失語症のような症状だったという（とにもかくにも彼女だけは生還したと言えるが）。

クチャルスキー『マリー・アントワネット』（1790年頃）
チュイルリー宮幽閉中に描かれたが未完

――敗戦国の幼い王子が処刑されるとき、「なぜ?」と問うて、「王の子だからだ」と答えが返るギリシャ悲劇がある。ルイ十六世の子どもたちの過酷な運命も、まさに王の子に生まれたが故のものだったという他ない。

ギロチンの決着

革命後の国王一家は、アントワネットの恋人フェルゼンの手引きで国外逃亡を図って失敗。その後も幽閉先からオーストリアに武力干渉を要請するなど、水面下の動きは活発だった。しかしついには革命政府によって、まずルイ十六世が、次いでアントワネットがギロチンで首を刎ねられたことは広く知られるとおりだ。

二十世紀オーストリア文学を代表するツヴァイクは、アントワネットの波乱の生涯を、平凡な人間が苛烈な運命を経て不滅の存在となるまでの物語と捉え、彼女の伝記で次のように書いている。

――「ときおり芸術家が、世界を包括するような大きな題材のかわりに、一見小さな素材を取り上げて自らの創作力を証明するように、運命もまた、どうでもいいような主人公をさがしだしてきて、もろい材料からも最高の緊張を生み出せることを、また弱々しく意志薄弱な魂からも偉大な悲劇を展開できることを、わざわざ証明してみせることがある。そのような、はからずも主役を演じさせられることになった悲劇のもっとも美しい例が、マリー・アントワネットである」(『マリー・アントワネット』シュテファン・ツヴァイク著、中野京子・訳)。

第10章
トーマス・ローレンス『ローマ王（ライヒシュタット公）』

（一八一八〜一九年、油彩、ハーバード大学・フォッグ美術館、五八×四九㎝）

ナポレオンの面影

トーマス・ローレンスはジョージ三世の宮廷画家だったが、モデルを実際以上に魅惑的に描く達者な腕が人気を呼び、祖国イギリスばかりか全ヨーロッパの王侯貴族から肖像画の依頼が引きも切らなかった。五十歳ころ、押しも押されもせぬ大家としてアーヘンへ招聘《しょうへい》されたのを機に、一年半ほどかけて各国の宮廷をまわり、ウィーンへもやって来て肖像画を描きまくった。その一枚がこれだ。

――七、八歳の、見るからに賢そうな少年。この年頃らしいふっくらした頬の線がやわらかく、形の良い唇、まっすぐ筋の通った鼻、輝く金髪、ひたとこちらを見据える大きな眼が印象的で、長じてはさぞかし美しい青年になるだろう。しかもただ美しいだけではない。眼差しに強い力があり、丸く突き出た広い額からは知性が感じられ、必ずやひとかどの人物となるに違いない。

それともこうしたいっさいは、単にローレンス一流の粉飾にすぎないのだろうか？　相手を喜ばす術に長《た》けた彼の絵筆が、ありもしない美質をキャンバスの上に捏造《ねつぞう》したのか？

今回はどうやらそうでもないらしい。少年が容姿に優れていたこと、この十年後には身長一八六センチの眉目秀麗な青年となり、女性たちに溜め息をつかせたことが、おおぜいの証言からわかっている。それにしても当時のハプスブルク家に、こんな逸材がいたとは……。

絵の中の少年は誰かを思い出させる。とりわけその秀でた額と大きな眼が、かつてヨーロッパをたったひとりで震撼《しんかん》させた稀代の英雄と二重写しになる。もしかすると画家は無意識のうちに、ダヴィッド描くあの有名な肖像画『書斎のナポレオン』を、頭に浮かべたのでは

ダヴィッド『書斎のナポレオン』(1812年)

あるまいか。なぜならこの子こそ、「革命の子」と「高貴なる純血」との間の、即ちナポレオンとハプスブルク家皇女との間に生まれた嫡男だからだ。

その子がなぜ、フランスではなくオーストリア宮廷にいるのかといえば——。

フランス革命直後、アントワネットが救援を当てにしていた長兄ヨーゼフ二世が子を残さず急死、跡を弟のレオポルト二世が継ぐ。彼も手を尽くしてくれたが、二年足らずでこれまた病死したため、帝位はその息子フランツ二世へわたった。フランツにとってアントワネットは、顔を合わせたことすらない叔母である。王朝を危険にさらしてまで救う義理はないと考えたのか、ハプスブルク家の女性が異国でギロチンにかけられるのを阻止しなかった。

この皇帝は後年、敵に自分の娘を人身御供として差し出すのだが、そこへ至るまでにまず散々な敗戦を体験しなければならない。「コルシカの成り上がり者」と見下していた相手と四度戦って惨敗、面前で侮辱され（悔し涙を流した由）、次々領土を失ったあげく、神聖ローマ帝国の皇帝位も放棄させられてしまう。

すでに解体していたも同然の神聖ローマ帝国とはいえ、ここで正式にそして完全に消滅をみたわけで、昔むかしのルドルフ一世やマクシミリアン一世の奮闘を思い返せば感慨深い。

けっきょくフランツ二世は、これまで「ハプスブルク世襲領」と呼んでいたオーストリアとその周辺だけを「帝国」と改称し、自らオーストリア帝国初代皇帝フランツ一世を名乗って（ややこしいので以下二世で統一）、どうにか面目を保つよりなかった。

聖なる血の駆け引き

屈辱はしかしまだ終わりではない。ナポレオンは愛妻ジョゼフィーヌにもはや子が産めないと見限って離縁し、新たな皇妃、それも自分に箔《はく》を付けてくれる由緒ある王家のプリンセスを物色し始めていた。ボナパルト王朝として永続化し正統化したいとの執念からだ。最初はロシアのロマノフ王朝に狙いをつけたらしいが、すぐにも出産できそうな相手の方がいいと目を転じ、フランツ二世の娘マリー・ルイーズに白羽の矢を立てた。

そう、まさに神への供物として、娘を提供させたのだ。ナポレオンの命令に誰が逆らえよう、ましてフランツ二世に。

腑抜《ふぬ》けの父は、こうして娘を敵のもとへやるのを承知した。それは何世紀もの間、頑《かたく》なに拒んできた下賤の血を、ハプスブルク家に入れることでもある。とうぜんマリー・ルイーズのショックは大きかった。しかも大叔母アントワネットをギロチンにかけた敵国フランスに恐怖感を抱いていたし、自身も攻め込んできたナポレオン軍のため、王宮から二度も逃げ出した記憶がある。

ナポレオンが世継ぎほしさに花嫁を捜していると耳にしたとき、運命をまだ知らなかった彼女は、「次の妃になる方はお可哀そう」と友人に手紙を書いたほどだ。その「お可哀そう」な立場に否も応もなく追い込まれ、十八歳のマリー・ルイーズは四十歳の中年太りのナポレオンのもとへ、仕方なく輿入れしたのだった。

誰が聞いても、敗戦国の哀れなプリンセスの物語だ。ふつうなら同情から人気が沸騰してよさそうなものだが、不思議なほどマリー・ルイーズは人受けが悪い。

美人でなかったというのも一因だろうが、そればかりでなく、彼女にはどこかしら鈍さと冷たさの入り混じった無神経なところがあり、言動に人間的な面白みも魅力も感じられない。かつてチュイルリーの同じ部屋で苦悩していた大叔母アントワネットについて、誰に何を尋ねるでもなく、遺骸が今どこにあるのかも全く関心を持たない一方で、嫌がっていたはずのナポレオンに対しては、彼が下へも置かぬ扱いやプレゼント攻勢をかけてくれるというので、「彼の方がわたしを怖がっています」と、たちまち新しい環境に慣れたばかりか、愛を感じるようになってきた、とまで言う。

マリー・ルイーズの肖像（1811年頃）

そのくせ結婚翌年に産んだ息子――生まれてすぐローマ王の称号を得る――は乳母に預けっぱなしにして、最初から最後までさっぱり興味を示さない。四年後にはナポレオンがエルバ島へ流されるが、島の居城で家族と暮らしたいとの彼の希望を承知で、そしてまた「近いうちにまいります」と約束の手紙を送りながら、さっさと息子を連れて実家のウィーンへ帰ってしまう。常に自分が一番可愛い女性であった。人気がないのもうなずける。

ともあれフランツ二世はこの出戻り娘を迎え入れ、やがてハプスブルク領パルマ公国統治者に任じた（実際には臣下のナイベルク伯が政治をおこなった）。ただしパルマ行きに際しては、息子をウィーン宮廷に置いておくことが（ナポレオンの残党に拉致されるのを恐れたため）条件だった。我が子と離れたくない、と少しはためらうのが母親であろうに、マリー・ルイーズはいささかの躊躇《ちゅうちょ》もなく即刻出立し、その後数えるほどしか帰郷しなかった。父を失い、母に捨てられた息子が寂しい思いをしているのを知りながら、「いついつ戻ります」と約束しては、忙しいからと直前になって裏切ったことは数知れない。

高貴を誇るハプスブルク魂が、下々の血の混じる息子を忌み嫌ったのか？――そうとも言えないようだ。なぜならマリー・ルイーズの奇妙な宿命は、再び身分下の相手と結びつけられていたからだ。しかも今回は平民出身（いちおうナポレオンは下級貴族だった）のナイベルク伯で、彼との間にパルマでふたりも不義の子を（まだ正式な夫ナポレオンが流刑地で妻の来訪を待っている間に！）産んでいる。めったにウィーンへ帰らなかった理由には、どうやらこのこともあったらしい。

後年ナイベルク伯との貴賤結婚は正式に許可されたが、婚姻前の出産については長く秘密にされていたため、思春期にこれを知らされた息子の痛手は大きかった。さすがに父を裏切った母には幻滅したようで、「英雄である父にふさわしい女性ではなかった」と友人に漏らしたと言われている。

高貴なる囚人

少年がウィーンへ連れてこられたのは一八一四年、三歳のとき。この年齢では状況は全く把握できなかったろう。引越し先ではフランス語を話すことも読むことも厳禁され、宮廷の外へは出してもらえず、父には会えず、母もめったに姿を見せない、という環境の激変だったから、幼心にもさぞかし不安だったはずだ。何より周囲の人々の困惑が伝わらないわけがなく、次第しだいに自分の微妙な立場に気づいていった。

ハプスブルク家にとってナポレオンは憎んであまりある敵だ。国土を蹂躙《じゅうりん》されたばかりでなく、恫喝《どうかつ》されて皇女を差し出さねばならなくなった屈辱を、誰もが痛いほど感じていた（であればこそ、マリー・ルイーズの今の「ご乱行」をたしなめられる者はいない）。少年はそんな憎き敵の実子である。可愛く利発で、しかも現皇帝の血も引く孫であるだけにいっそう、この子を見るたび複雑な思いを抱かざるをえない。実力者メッテルニッヒ宰相などは、陰で「ちびナポレオン」と呼んではっきり迷惑がった――後にヴィクトル・ユゴーがナポレオン三世を、大ナポレオンに対して「ナポレオン・ル・プチ（＝ちびナポレオン）」と呼ぶのだが――、確かに少年の存在はハプスブルク家にとってお荷物以外の何ものでもなかった。

さりとて外へ出しては、なおさら危険ときている。不安定な政治情勢の中、英雄の血筋に期待してナポレオン二世を――少年は父が退位した直後、ほんの短期間だが二世として名目上の皇帝位についた――担ぎ出そうとの他国の動きの絶えることがなく、こちらの方がオーストリアには頭痛の種だった。

そこでできる限り人目につかぬよう、隠しておくのが最上との合意のもと、ちびナポレオンは「ハプスブルクの高貴なる囚人」状態、つまり半監禁状態に置かれたのである。すでにフランスにおける諸権利やローマ王の称号も剝奪《はくだつ》されていたので、七歳の時、フランツ二世からライヒシュタット公の称号を与えられた。ナポレオンとの関係を――本人にも内外にも

――忘れさせ、ボナパルト家との接触を絶ち、ハプスブルク家にだけ所属させたいとの思惑であった。

しかし時の流れとともにライヒシュタット公は、アイデンティティの危機を克服するのに父ナポレオンに拠《よ》らざるを得なくなる。父への罵倒を聞かされれば聞かされるほど、いっそう稀代の英傑としての父の存在を意識するようになる。

ナポレオンは「百日天下」後セント・ヘレナ島へ流刑中だったが、その地で病死。報を受けた十歳のライヒシュタット公は、声をあげて泣いたという。以降、禁じられた文献を密かに読みあさり、父を崇拝することで自らのルーツを確認し、父と同じ軍人としてひとかどの者になろうと決意するのだ。

これではオーストリアは時限爆弾を抱えたも同じで、メッテルニッヒはますます手綱を強く締める必要を感じた。

そんな次第でライヒシュタット公の交際範囲は狭かったが、なにぶん美青年なのでいくつか恋の噂がささやかれた。相手とされた中には、皇帝の次男カール大公（マリー・ルイーズの弟）のところへ十九歳で嫁いできた、バイエルン王女ゾフィもいた。知的で美しいゾフィは、ライヒシュタット公より六歳年上。自由なバイエルンに比べ、堅苦しいウィーン宮廷に

ゾフィ大公妃

なかなかなじめず、同じく半分よそ者で孤独だったライヒシュタット公と心を寄せ合うようになる。血のつながらないこの叔母と甥は、最初は姉弟のように、年月のたつにつれ恋人のように……。
ゾフィ大公妃は頭の回転の遅い夫にうんざりし、全く愛情を持てないでいた。六年間も子ができなかったこともあって、よくライヒシュタット公を誘って舞踏会やオペラ、馬車での散策などに出かけた。人々の顰蹙《ひんしゅく》を買っても意に介さなかった。後年「ハプスブルク家唯一の〈男〉」と呼ばれるようになる女傑ぶりを、早くも発揮していたと言えようか。
二十五歳でようやく長男フランツ・ヨーゼフを産むが、皮肉にもこの頃からライヒシュタット公の方は病に伏せがちとなる。「白いペスト」と恐れられた、当時の死病、肺結核だ。父ナポレオンはずんぐりした体型だが胸幅はあった。息子は母に似てすらりと長身だが胸が薄く、幼少時から身体は丈夫ではなかった。
ライヒシュタット公は、皇帝からハンガリー第六十連隊大隊長に任命されていた。もちろんメッテルニッヒの息がかかっているので、ハンガリーと名はついても指令本部はウィーンにあり、宮廷から通える距離だった。それでもライヒシュタット公はこの地位に誇りをもち、ようやく偉大なる父の息子であることを皆に証明できると野心を燃やす。

だが身体が思うようにならなかった。そしてそのぶん、いっそう躍起になった。肉体の弱さを精神でカバーしようと無理に無理を重ね、誰が見ても異常なほど痩せ細って声も出ないほどになるまで、医者の忠告を聞かなかった。喀血して倒れても、短期間の養生後、すぐまた軍務にもどったりをくり返したため、病状は悪化する一方だった。

親子のすれ違い

ウィーンの冬は厳しい。ナポリでの転地療養を勧める医者もいたが、メッテルニッヒは許可しなかった。英雄の血をひく美青年がひとたびイタリアの地を踏めば、「二世を国王に」の合唱が起こるのは眼に見えていた。すでにフランスでは広場に民衆が集まり、「ナポレオン二世万歳」を唱えたとの新聞記事が載ったばかりだ。国益のためにも、ライヒシュタット公はあくまでウィーンに留まらねばならない。

ゾフィの献身的な看病で——「やさしい美の天使」と呼んで感謝していた——、ライヒシュタット公は何とか冬を越し、三月には二十一歳の誕生日を迎えることができた。とはいえもはや誰の目にも長くないのは明らかで、本人も半ば予感したのであろうか、五月に入ると、母を呼んでほしい、母に一目会いたいと懇願するようになった。驚いたことにマリー・ルイーズは、息子が死病にとりつかれたと二年も前から知らされていたのに、腰を上げなかったのだ。

もうほんとうに残された日が限られている、生きているうちに会いたくないのかとの大臣の再三の手紙で、ようやく冷たい母はパルマを出立する。だがまっすぐは来なかった。途中の温泉地で数日休んでから（すでにナイベルク伯は死去していたので、また誰か別の男との間に子を産んでいたのだろう、あるいは流産か、と取り沙汰された）、のんびり病室の戸を開けたのだ。死の床の息子がすっかり諦めきっていた、六月末のことだった。

こんな母親だというのに、それともこんな母親だからなお、子どもは縋《すが》りたくなるのだろうか。哀れなライヒシュタット公はマリー・ルイーズの見舞いを喜び、再び生きる力を見出して、さらに一ヵ月永らえた。だがそこまでだった。ローマ王と呼ばれ、ナポレオン二世と呼ばれ、大きな可能性を秘めながら何ひとつできないまま、ライヒシュタット公として短い不幸な一生を終えた。能力がありと野心があり、大衆の人気をさらう容姿にも恵まれていただけに、飼い殺しにされた無念はいかばかりだったか。

二十年後、ナポレオン・ボナパルトの甥（弟の息子）が、皇帝ナポレオン三世としてフランスに君臨する。もしライヒシュタット公が生きていれば、それは彼のものだったろう。ライヒシュタット公は結婚していなかったので、彼の死とともにナポレオン・ボナパルトの直系は絶えたのだが、しかし子どもは？　ライヒシュタット公は、子どもは残さなかったのだろうか？

死の十日ほど前、ゾフィは二人目の子マクシミリアンを産んでいた。ゾフィとライヒシュタット公が病室であまりに親密だったのはよく知られており、生まれる前から、ゾフィは夫のではなくライヒシュタット公の子を身ごもったのだ、と半ば公然とささやかれていた。真偽は不明である。しかしもしこのマクシミリアンが――図抜けて野心家という意味ではナポレオンに似ていた――ライヒシュタット公の血を引いていたとすれば、今しばらくナポレオンの血はハプスブルク家に流れ続けたとは言えるだろう。

ライヒシュタット公は、シェーンブルン宮殿内のハプスブルク家霊廟に葬られた。

一世紀の時を経て、オーストリアはまたも荒々しく踏みつぶされる。オーストリア自身が

ナポレオンの墓。ライヒシュタット公の墓も並ぶ

生み出したヒトラーという名の怪物が、ドイツへ移住してかの国の総統となり、神聖ローマ帝国の「第三帝国」建設を唱えてオーストリアを併合したのだ。彼はすでにフランスをも支配下に置いており、懐柔策のためライヒシュタット公の遺骸をフランスへ移した。

こうして今――なんと不思議なめぐり合わせだろう――、ナポレオン父子はパリのアンヴァリッドでいっしょに永遠の眠りについている。

第11章

フランツ・クサーヴァー・ヴィンターハルター『エリザベート皇后』

（一八六五年、油彩、ウィーン美術史美術館、二五五×一三三cm）

母の愛と長期政権

フランツ二世亡き後、長男フェルディナント一世（三〇〇年前の御先祖と同名）が跡を継ぐ。重い持病があり（彼もどうやら近親婚の犠牲者だったらしい）、とうてい政治能力も世継ぎを残すことも無理とされたのに、かえってその方が扱いやすくていいとの宰相メッテルニッヒの意向で、十三年間、お飾りとして玉座を温め続けたのだ。

その保守反動体制への非難が膨れあがり、メッテルニッヒはいったんイギリスへ亡命、フェルディナント一世も退位せざるを得なくなって、次の皇帝を誰にするかが問題になる。継承順位からいえば、フェルディナントの弟、四十六歳のカール大公で決まりのはずだった。ところがそれには強力な反対者が出た。誰あろう、カール大公自身の妻ゾフィだ。彼女の意見は、こんな愚物を皇帝にしてはハプスブルク家は滅亡する、というものだった（全くそのとおり）。

今や誰よりもハプスブルクを代表し、「ハプスブルク家唯一の〈男〉」と異名をとるほどになっていたゾフィ大公妃は、世が世なら、そしてもし息子がいなければ、ロシアのエカテリーナ女帝のように、夫を殺して自ら帝位についたかもしれない。幸い彼女には優秀な長男フランツ・ヨーゼフがいた。小さいころから厳しい帝王教育をほどこしてきたこの子を皇帝にすることで、落日の色濃いハプスブルク王朝を今一度盛り返し、国民の不満をなだめることができるだろう。周りも賛同し、王冠は無気力な父カール大公をすり抜け、息子へと引き渡された。

ゾフィの思惑は当たる。凜々しい十八歳の青年皇帝の誕生を人々は歓迎し、フランスの二月革命から飛び火してきたウィーン三月革命はまもなく収束、ハンガリー蜂起も鎮圧できた。

フランツ・ヨーゼフを抱くゾフィ大公妃

フランツ・ヨーゼフは母ゾフィや、再びもどってきたメッテルニッヒを政治顧問に、以降、慎重に勤勉に帝国の運営を行ない、在位六十八年という驚くべき長期政権を保持することになる。彼だからできたので、余人ではとうていこうはゆかなかったであろう。

ただ一度の反抗

フランツ・ヨーゼフは母の統治力に全

若き日のフランツ・ヨーゼフ

幅の信を置き、生涯にわたって従順にふるまった、ただ一度をのぞいて。

そのただ一度が、高くつく。

ハプスブルク家の家訓――「戦争は他の者にまかせておくがいい。幸いなるかなオーストリアよ、汝は結婚すべし！」――に倣い、ゾフィはまずプロイセンとの縁組を目論むが、これはビスマルクの横槍が入ってあえなく挫折。次善の策として、自分の妹の娘、つまりフランツ・ヨーゼフには従妹にあたるバイエルン公国プリンセス、ヘレーネを選ぶ。淑やかで生真面目なこの姪なら、息子をそばで支えてくれるだろう。

周到に設定された顔合わせの席で、フランツ・ヨーゼフはたちまち恋に陥った。

ヘレーネに？　いや、彼女の見合いに面白半分でついてきたその妹、十五歳のシシィにだ。まだ子どもっぽさを残し、自由闊達にのびのびふるまう愛らしいシシィことエリザベートは、義務にがんじがらめになっている几帳面で融通のきかないフランツ・ヨーゼフにとって、空を飛ぶほがらかな小鳥のように思えたのだろう。自分と気質の似たヘレーネには心惹《ひ》かれず、正反対のタイプを妻に望んだ。

母がどう異議を唱えても無駄だった。二十三歳の若い皇帝は何を譲ってもこれだけは譲れないと、珍しく自分の意志を押し通し、ここにまるで御伽噺《おとぎばなし》のような婚約が成立する。

エリザベートの方はどう感じていたのだろう？　姉を差し置いて自分が選ばれたことには喜びを覚えたらしいが、いざ話が具体的になるにつれ、「あの方が皇帝ではなく仕立て屋だったら良かったのに」と不安を口にした。半年後の輿入れに備え、皇妃となるための俄《にわ》か詰め込み教育が始まると、狩りやサーカスが大好きで勉強嫌いだった彼女は、ストレスから何度もヒステリーを起こしたという。

アントワネットと同じで、もっと小ぢんまりした国の王妃なり大公妃といった身の丈にふさわしい地位につけば、歴史に名を残すことはなくとも幸せな人生を送れただろうに、姉の見合いについていったその時点で、運命の歯車は奇妙な軋《きし》み音をたてだしたのだ。結婚式当日、馬車から降りようとしたエリザベートはドアの枠にティアラを引っかけ、落としてしまう（アントワネットが結婚契約書にサインするとき、インクのしみをぽたりと落としたことが思い出される）。

こうしてハプスブルク家の一員となったエリザベートだが、さしたる覚悟も準備もなく、社交界すら知らなかったせいもあり、宮廷での規則ずくめの毎日、山ほどの公式行事に、たちまち悲鳴をあげる。朝四時には起きて五時には執務開始というワーカホリックの夫は、彼女を籠《かご》の鳥のごとく愛《め》でるだけで、あとは母ゾフィの指図に従ってほしいと言うばかりだった。

壮絶な嫁姑戦争の勃発だ。

数多の伝記や、近年大ヒットしたウィーン産ミュージカル『エリザベート』などは、どれも若く美しいエリザベートを悲劇のヒロインとして描いているため、ゾフィは損な役回りとなって、単に嫁を苛《いじ》める意地悪な姑と切り捨てられがちだが、彼女にも言い分はあるであろう。名門ハプスブルク家へ嫁いできて苦労したのはゾフィも同じだったから、気ままを続けたがるエリザベートの勝手を許すわけにはゆかない。皇妃となった以上、個を殺して帝国の安定第一と心得なければ、この動乱のヨーロッパを乗り切れない。おしゃれや遊びを優先させる嫁に、自覚を促そうと必死だった。

結婚翌年、早くも長女が産まれる。この時もエリザベートに言わせれば、姑に子どもの養育権を奪われたということになるが、ゾフィにしてみれば、大事な孫をこんな未熟な嫁に預けるなど、危なかしくてとてもできないというわけだ。どちらの言い分に理があったかは、二年後にわかる。ゾフィの反対を押し切り、エリザベートは無理やり二歳のその娘をハンガリーへの長旅へ連れ出し、病死させてしまった……。

嫁姑どちらにとっても、さらには夫フランツ・ヨーゼフにとっても、最初のこのつまずきは決定的であった。以来エリザベートは子育てを諦め、ゾフィはますます嫁への不信感を募らせる。次々生まれた一男二女は全てゾフィの手で育てられ、エリザベートはその代償行為のように美容に熱中したばかりか、あたかも何かに追い立てられるかのごとく、夫も子も宮廷も放って、旅から旅への落ち着きない生活に入ってゆく。「Kaiserin」（カイザーリン＝皇后）ならぬ「Reiserin」（ライザーリン＝旅人）と皮肉られる所以である。

完璧な美女

本肖像画は、二十八歳の、まばゆいばかりのエリザベート。

すでにカメラの時代に入り、彼女もたくさん写真を撮られているので、王侯貴族御用達のドイツ人宮廷画家フランツ・クサーヴァー・ヴィンターハルターの絵筆が――イギリスのヴィクトリア女王やフランスのウージェニー皇妃を描いたときと違い――、決して甘かったわけでないのは証明済みだ。美化する必要などなかった。ハプスブルク家の若き皇后は後ろに飾られた花よりも匂やかだし、歴代のどの国のどの王家の女性と比べても、おそらく一、二を争う美女だというのが衆目の一致するところである。

しかも見てのとおり彼女は、繊細な顔立ちの美しさばかりでなく、三人も子どもを産みながらファッションモデルさながらの体型（身長一七〇センチ、体重五〇キロ、ウエスト五〇センチ）を維持していた。当時大流行のクリノリン（鋼を丸天井風の輪にした一種のペチコート）入りスカートをはいているが、これはあたかもテントのように下半身を膨らませるので、ほんとうに似合うのは上背があってウエストのほっそりした、エリザベートのような女性だけなのだ。

この完璧なスタイルを保つため、彼女がどれほど過激なダイエットに励み、どれほどの運動量をこなし——乗馬、フェンシング、吊り輪、鉄アレイ——、空腹のまま長時間ウォーキングして気を失ったこともあったときては、その強迫観念にも似た努力に呆れるほかない。

長い黒髪は卵入りコニャックで洗うなどして、毎回三時間もかけ手入れした。白肌維持のためにはミルク風呂に入っていた。お金も人手も時間もたっぷりかかっているのだ。内面の、また人生の、あまりの空虚さを埋めるために、際限なく外見を磨かずにいられなかった痛々しささえ感じられる。

美が大いなる力なのは間違いない。一年の大半を国外で暮らすという、いわば職場放棄をしていても、民衆間のエリザベート人気は揺るがなかったし、オーストリア＝ハンガリー二重帝国という無理な体制が敷かれたときも、彼女はハンガリーから王妃として熱烈に迎えられた。しかしいかんせん、美には「時」という敵がいて、人間は敗北すると決まっている。若さを失ってゆくにつれ、エリザベートは人前に顔をさらすのを極端に嫌がるようになる。顔を扇子で隠した写真が今に残っており、当時もうすでに存在していたパパラッチへの嫌悪が、美の喪失とも結びついていたであろうと想像される。

ハンガリー王妃戴冠時のエリザベート

絵へもどろう。

ここでの彼女は今を盛りの華やかさだ。壮麗な大理石の宮殿を背に、やや斜め後ろ姿ですっくと立ち、優雅にこちらを振り向いている。自慢の髪に星形の飾りをいくつもつけ、きらびやかな金の刺繍付きドレスを夢のようにまとった姿は、まるで自らの美を誇るかのように見えて、だが憂いを含んだ眼差しの、何というあてどなさ。唇は王侯が常時示すべき微笑みの形を取ってはいるものの、目は少しも笑っていない。広い空もまた、彼女の表情と同じで晴れやかさに欠け、スカートの裾から這いのぼってくる不穏な影とも相俟《あいま》って、画面に幸福感は薄い。

画家は必ずしも狙ったわけではないだろうが、絵には美と豪奢のうちにひそむ深い孤独と暗い予感があり、それがこれを忘れがたい作品にしている。写真誕生後の肖像画が存在意義を失いつつある中、エリザベートと言えば誰もが真っ先に写真ではなく本作を思い浮かべるのこそ、絵画の力というものであろう。これを前にしたフランツ・ヨーゼフが、「妃のまことの姿をとらえた作品はこれが初めてだ」と誉めたというのも、何やら人生の皮肉めく。

この絵は先にあげたミュージカルにおいても、きわめて印象的な使われ方をしていた。慣れない宮廷でおどおどしていた少女シシィが、世継ぎを産み、自らの美の力に気づき、皇后エリザベートとしてこの堂々たる姿で現れて周囲を圧倒する。そこへ上からするする巨大な額縁が下りてきて、舞台上に生きた人間によるこの肖像画が生まれるという趣向だ（ウィーンの観客の、吠え声にも似た凄まじい歓声が忘れがたい）。

エリザベート暗殺

エリザベートには、際立った美貌につりあう際立ったドラマが用意されていた。
嫁姑の根深い対立が長女の死に直結し、ひいては夫婦間に亀裂を生じさせたことなど、ほんの序の口である。彼女が親ハンガリー派に傾いていった遠因には、ハンガリー嫌いのゾフィへの対抗意識が間違いなくあったし、そもそもウィーンにいるだけで鬱症状が出るというのは、姑に対する苦手意識がそうさせたわけで、あまりに長くそれが続いたため、ゾフィの逝去（エリザベート三十五歳のとき）後も事態が改善されることはなく、公式行事はしばしばキャンセルされ、次第に国民の前に姿を見せなくなってゆく。

だが彼女の最大の不幸は、跡継ぎのルドルフをめぐるスキャンダルだろう。この子は生まれ落ちるとすぐゾフィのもとへ連れ去られ、次期皇帝として手塩にかけて育てられたので、エリザベートには我が子でありながら我が子のように思えず、互いの感情はすれ違ったままだった。ルドルフは愛に飢え、母から拒絶されたと感じ、長ずるに及んでは父と政治的に烈《はげ》しく対立するようになる。肉体的に頑健でないというコンプレックスにも悩み、ベルギー王女と結婚させられたものの関係は不和だし、匿名で新聞に君主制批判を書いたのが父にばれて叱責されるなど、八方塞《ふさが》りの末、三十一歳でついに「マイヤーリンク事件」を起こす。

担架に乗せられ、下船するエリザベート

マイヤーリンクの狩猟館で、十七歳の男爵令嬢とピストル心中したのだ。

エリザベートは旅先から駆けつけ、さすがにさまざまな思いがこみあげたのであろう、責任も感じたのかもしれない、柩にとりすがって悲嘆にくれ、この後死ぬまで喪服を脱がなかった。そしてこれまでにも増してあちらこちら逃げまどうかのように――いったん止まり木に休むと捕えられるとでも思うのか――、あてどない放浪を続ける。

最期の瞬間はそんな放浪先でやってきた。ルドルフの情死から十年近くたった一八九八年、初秋のスイス。六十一歳のエリザベートが蒸気船に乗るため供の女官と湖畔を歩いていると、男がひとり体当たりしてきて、彼女を倒した。男は逃げ去り、エリザベートはすぐ立ち上がって何ごともなかったかのように、早く船に乗りましょう、と女官を促した。

しかし乗船してまもなく、胸が苦しいとつぶやいて気を失う。あわてた女官が服を脱がせ、コルセットに小さな血のシミを発見、即、船をユーターンさせてホテルへ引き返したが、一時間後、エリザベートは眠るように亡くなった。細い錐状のヤスリで心臓を一突きされたため、出血はほとんどなく、おそらく苦痛もあまり感じなかったと思われる（やすらかなデスマスクが残っている）。

犯人はすぐ逮捕された。イタリア人アナーキストで、最初は別の王族を狙って果たせず、たまたま近くにいた彼女に標的を変えたのだった。

「王族なら誰でもよかった」というその男の言葉は、エリザベートの一生にさらなる虚無と寂寞を加えている。結婚といい死といい、彼女はなぜか肝心のところで、本来は別の人間に与えられるはずのものを、受け取ってしまったのではないか……。

エリザベートのデスマスク

間近に迫る帝国の終焉

フランツ・ヨーゼフはエリザベートが暗殺されたとの報を受け、「わたしはもうあらゆる辛酸をなめつくした」とつぶやき、平常どおり仕事にもどったという。

確かに仕事は待ったなしであった。いったん坂道をころがりだしたボールを誰も止められないように、帝国の終焉はすぐ間近に迫っていた。イタリアを失い、プロイセンに破れ、統一ドイツからは排除され、オーストリア＝ハンガリー二重帝国という奇妙な形は、いつまで保つか危うく、民族問題はもはや抑えがきかなくなっている。政務の手を休めるわけにはゆかない。

皇帝が生涯変わらず妻を愛し続けていた、という見方はロマン主義にすぎるであろう。エリザベートはとうに妻ではなく、子どもたちの母だったこともなく、皇妃としての職務からはひたすら逃げていた。フランツ・ヨーゼフは困難な政務においては長らく母ゾフィに支えられ、母亡き後は愛人で女優のカタリーナ・シュラットから精神的に助けられてきた。不幸な夫婦は、夫婦になるべきではなかったという事実を、四十五年もかけて丹念に確認しあってきただけなのかもしれない。

フランツ・ヨーゼフの惨憺《さんたん》たる私生活は、どれも尋常ならざる死と縒《よ》り合わさっている。まず一八六七年の、弟マクシミリアン大公の死（次章参照）がある。この時は自分より母の歎きを軽減してやるので精一杯だった。一八八九年のルドルフの心中事件においては、唯一の世継ぎを失ったショックに耐えつつ、後始末に奔走しなければならなかった。カトリックは自殺を認めていないので、心中ということが表沙汰になれば教会で埋葬ができなくなる。そこでいろいろ手をまわし、無事、葬儀をおこなってやることはできたものの、「皇太子は自由主義者の味方をしたため、父である皇帝に殺されたのだ」という噂が流れるはめになった。そして一八九八年の、このエリザベート暗殺事件だ。

まだ終わらない（なにしろフランツ・ヨーゼフは、妻の死後さらに十八年も長生きするのだから）。一九一四年、彼は後継者に指名していた甥フランツ・フェルディナントを失う。周知のごとく、フェルディナントは妻とともに、サラエヴォでセルビア人に暗殺され、これが第一次世界大戦の引き金となった。

フェニックス（不死鳥）と呼ばれ、晩年には神格化さえされたフランツ・ヨーゼフが八十六歳で逝去したのは、その第一次世界大戦のさなかだった。なんと前日まで執務していたという。実質上、彼がハプスブルク帝国最後の皇帝であった。

第12章
エドゥアール・マネ『マクシミリアンの処刑』

（一八六八年、油彩、マンハイム市立美術館、二五二×三〇五㎝）

優秀な兄の陰で

ゾフィ大公妃と「ちびナポレオン」（＝ナポレオン二世＝ライヒシュタット公）の間にできた子、と陰でささやかれたマクシミリアンは、長ずるにしたがい、自らの野心の持って行き場のなさに悶々とした。

わずか二歳しか違わないのに、兄フランツ・ヨーゼフは幼少時から帝王学を授かって皇帝となり、自分は無冠のまま影の存在で一生を終えるのか……溺愛《できあい》され甘やかされて育ち、己の能力を過信していた夢想家マクシミリアンの不満は、兄弟間に亀裂を走らせかねず、ゾフィは関係が悪化しないよう極力気を配った。しかし若くして砲艦ミネルヴァの艦長になるとマクシミリアンは、独断で海軍省の拡大を図るなどしてウィーン宮廷と対立し、兄の疑心暗鬼をあおる（弟が玉座の簒奪者となった例は、歴史上、数多いのだから）。

二十五歳でベルギー王女シャルロッテと結婚したが、この女性もまたマクシミリアンと同じ野心家でプライドが高く――実家が格下の義姉エリザベートが皇后ということに、面白からぬ思いを抱いていたらしい――、父であるベルギー国王に頼んで、夫にもっと良い地位を与えるようオーストリアへ働きかけてもらった。おかげでマクシミリアンは、ハプスブルク支配下のロンバルディア・ヴェネチア総督に就任できた。ただし新婚夫婦がその地位を享受できたのは、わずか二年。ここでも彼は本国の意向に反し、自由主義者たちへ共感を寄せたとして、フランツ・ヨーゼフの怒りを買って解任される。

もはやマクシミリアンの居場所はなかった。二十七歳という若さで隠棲《いんせい》へ追い込まれた彼は、アドリア海に面する絶景の場所に城を造ったり、夫婦で世界一周船旅をして気を紛らわせようとしたものの、とうぜんながら有り余るエネルギーを燃焼させるには至らない。そんな数年を経た一八六三年、奇妙な申し出がフランスから、それもナポレオン三世からもたらされた。「メキシコ皇帝になってはくれまいか」との誘いだ。

マクシミリアン夫妻が隠遁したミラマーレ城

当時メキシコは内戦状態にあった。スペインからの独立を宣言したとはいえ、それ以降四十四年間に四十人も大統領が代わるという大混乱の中、インディオ出身のフアレス率いる革命軍（共和派）と、英仏西の支援を受けた旧支配階級（保守派）が一進一退の戦いをくり広げ、近年は共和派が勢いをつけていた。

アメリカの圧力を受けイギリスとスペインが撤退したからで、フランスだけがメキシコの植民地化を諦めず、出兵を続けていた。ナポレオン三世は早く内乱を終結させるため、現地に強力な傀儡《かいらい》政権を置く必要を感じ、その束ね役として、ヨーロッパ王室でくすぶっている王族の誰かを当てたいと考えていた。さしずめマクシミリアンなどは、うってつけといえよう。

マクシミリアン肖像

絶たれた最後の希望

「皇帝」という言葉に、まっ先に反応したのは妻シャルロッテだった。彼女は父親といっしょになってマクシミリアンを焚きつけたが、本人は最初のうち逡巡していた。人を見る眼の確かなゾフィが、ナポレオン三世を「嘘つきのメフィスト」と、全く信用していなかったからだ。三世はナポレオン・ボナパルトの甥（弟の息子）だが、ライヒシュタット公の病死後ボナパルト家の家長となり、先代の名前をあくどいまでに利用して第二共和制の大統領に選出され、次いで皇帝の座について独裁制を敷いていた。

しかし根がロマンティストのマクシミリアンは、けっきょく母の判断を退け、三世の申し出を受ける。かつて若き海軍少尉としてスペインへ赴いたとき、至るところで栄光のハプスブルク家の名残を見つけては胸をいっぱいにした彼は、自らの力で「日の沈むことなき帝国」を再興するという、時代錯誤的な夢を見ていたのであろう。また出生をめぐる噂――稀代の英雄の血を引いている――が、彼の耳にも届いていなかったはずがなく、ナポレオンという名前との因縁に、強く感じるものがあったのかもしれない。いずれにせよ、現状は打破されねばならなかった。

翌年春、夫妻がヨーロッパを去るという当日に、兄フランツ・ヨーゼフが臣下を伴ってわざわざやって来た。別れを惜しみにではなく、オーストリアの帝位継承権放棄を要求しにである。フランスに接近し、雇われメキシコ皇帝となる弟に、フランツ・ヨーゼフは立腹していた。交渉は長引いたが、ついにマクシミリアンは兄の言い分を呑み、書類にサインする。退路は断たれた。暗雲たれこめる船出である。実際の船出もこの騒ぎで数日遅れた。

しかも長い航路の末たどりついたメキシコで、夫妻を待っていたのは温かな歓迎どころか、フランス軍の銃に脅されてしかたなく「皇帝万歳」を唱える人々の群であった。現地の切迫ぶりは、聞くと見るでは大違い。政治面においてもマクシミリアンにほとんど権限はなく、彼はようやくナポレオン三世に欺かれたのを知った。だが本格的な裏切りはこれからなのだ。日ごと優勢になるファレス側と必死に戦っているそのさなか、フランス軍はマクシミリアンとわずかな義勇兵（オーストリア人と現地の貴族たちの混合兵）を残し、あっさり撤退してしまう！　軍の現地駐留が条件の皇帝位だったはずなのに、みごとに梯子を外された！

ナポレオン三世の非情さに炙《あぶ》りだされるのは、しかしマクシミリアンのどうしようもない甘さであろう。冷静な母ゾフィの意見を聞かず、見果てぬ夢にひたった結果がこれなのだ。

名のみの皇帝夫妻は追いつめられ、とりあえずシャルロッテひとりヨーロッパへもどり、各国に援助を頼むことになった。といっても二ヵ月もの船旅である。故国ベルギーではすでに父王は亡くなっており、ハプスブルク家には頼みにくく、必死の思いでローマ教皇のもとを訪ねたシャルロッテは、バチカンの中で——支援を断られたからかもしれない——突然、精神の均衡を失う。そのまま狂気の闇に沈みこみ、実家のベルギーへ連れもどされ、ファナのように城へ幽閉（六十年近くもだ）、夫の身に何が起こったかわからずじまいで、長いやるせない一生を終える。

妻発病の報を受けたとき、マクシミリアンはまだ逃げようと思えば逃げられる状況にいた。

共和派にしてみても、亡命してくれた方がありがたかったろう。けれど彼は——いかにも彼らしいロマンティシズムから——仲間と運命を共にする道を選ぶ。激しい最終戦の後ファレスに捕らえられ、「流される我が血が、この国の幸福に繫《つな》がらんことを!」とスペイン語で最期の言葉を残し、銃殺されたのだ。

メキシコの土を踏んでちょうど三年目、三十五歳だった。

画家の告発

ハプスブルク帝国皇帝の弟が、野蛮なメキシコで殺された——第一報を受けたパリ市民は驚愕し、共和派のファレスに対する批難の渦が巻き起こったが、少しずつ詳細が明らかになるにつれ、ほんとうの悪党は自分たちの身近にいるようだ、と気づきだす(これがやがてナポレオン三世失脚の遠因となる)。

エドゥアール・マネもそれに気づいたひとりだった。マネは今でこそ印象派の先駆、「近代西洋絵画の父」と言われているが、当時はなかなか評価されず、官展での入選を目指して次々問題作を出品しては落選していた。この歴史画『マクシミリアンの処刑』も、事件の翌一八六八年に発表した意欲作である。

マクシミリアンの処刑直前の写真

実際の処刑は六月の早朝、ケレタロの丘で執行された。マクシミリアンとふたりの側近は、兵士と歩幅五歩の近距離から一斉射撃された後、とどめの一撃を受けた。処刑写真が残っているので、この絵に事実とは異なった点がいくつかあるのがわかっている。中央のマクシミリアンはソンブレロをかぶっているが、現実には無帽だったし、見物人は壁の上ではなく、射手たちの後ろにもっとおおぜいいた。画中の兵士が着ている制服は革命軍のそれではなく、フランスの軍服とよく似たものに変えてある。右端でこちらを向き、とどめの弾丸を込めている赤い帽子の男は、鼻筋や髭から見て、どうやらナポレオン三世の似顔らしい。

つまりマネは、マクシミリアンはファレスに殺されたのではなくフランスに、それもはっきりナポレオン三世に利用され見殺しにされたのだ、と絵で告発したのである。彼はこれを官展に出品し、たとえ落選しても、ジェリコーの『メデュース号の筏』のような大反響を呼ぶことを期待した。そして落選。友人で作家のエミール・ゾラは、検閲官がナポレオン三世を恐れたからだ、と弁護した。

そうかもしれない。しかし民衆の人気を呼ぶこともなかった。

感情移入を拒否する絵画

それは当然ではないだろうか。

「トランプの絵柄」とも酷評されるマネの作風は、「絵画の絵画性」、即ち絵を二次元世界である平面に引き戻し、絵画の純粋性を追求したと言われる。『オランピア』や『笛を吹く少年』ならそれもいいだろう。しかし衝撃的な事件を主題にとった場合、ぺらぺらの人物群やリアリティのない影、ありえない構図などは、全て裏目にでてしまう。この作品を見て、いったい何をどう感じればいいというのか？

マネが、ゴヤの傑作『マドリッド、一八〇八年五月三日』（ナポレオン軍によるマドリッド市民虐殺を描いた歴史画）を意識したのは間違いない。殺す者と殺される者の息づまる接近、顔の見えない、ロボットのごとき非人間的な処刑者たち、無実の証のような、目を射る真っ白のシャツなどが、ゴヤから引用されている。

『マドリッド、一八〇八年五月三日』の画面中央で、あたかも十字架にかけられているかのように両手を拡げた男の掌《てのひら》には、釘を打ち込まれたイエス・キリストの掌の聖痕に似た傷が見える。同じくマネも、マクシミリアンにソンブレロを被せることで、聖なる光輪を見る者に想像させようとした（意図が成功したとは言いがたい）。

それにしてもゴヤの犠牲者たちは、誰も彼も何と個性的なことだろう。機械仕掛けのごとき殺戮者と対比されて、いっそう彼らひとりひとりの憤怒、苦痛、絶望、恐怖が強く烈しく浮かび上がってくる。否、それ以上に、これを描いている画家自身の火のごとき怒りが伝わってくる。ゴヤの魂は殺される者の側に立ち、その理不尽にいっしょになって苦しみ、のたうちまわっている。だからこそ我々もまた、遠い昔の異国の出来事にもかかわらず、人間にくり返される共通の悲劇として身近に感じ、胸打たれるのだ。

他方、マネの絵ときたら……。

彼が意識してドラマティックな表現を避けたのはわかる。だがそのおかげで、本来は指弾されているはずのナポレオン三世が、周りで起こっていることに気づかずのんびり銃をいじ

ゴヤ『マドリッド、一八〇八年五月三日』（1814年）

っているだけに見えるし、マクシミリアンも、死に際して威厳を崩さないでいるというより、感受性に欠けているためぼうっとしている木偶《でく》にしか思えない。壁の向こうから顔を出している見物人は、自分たちの皇帝を失うことを歎いているのか、それとも処刑の残酷さにショックを受けているのか判然としない。

ドラマがなく、画面上に緊迫感がなく、人々の動きに自然さがなく、人物は張りぼてだ。何より、ゴヤのように、伝えたいものがあるようには感じられない。マネは頭で描いているが、熱い心がない。色や形はあるが魂がない。見る者はナポレオン三世に対して腹も立たないし、マクシミリアンに同情も起きない。何も感じようがないのである。

デューラーの品格ある肖像画から、ゴヤの炎やベラスケスの深い人間理解を経て、思えば絵画はずいぶん遠くへきたものだ。

しかしある意味、マネのこの感情移入を拒む絵画は、何もかも相対的なものに変えてしまう近代においては、確かに新しい表現と呼べるのかもしれない。

早い話、我々は何を根拠にナポレオン三世に怒るのだろう？　彼はマクシミリアンを騙したが、独立を願うメキシコ国民は撤退を決断した三世に感謝しても、いたずらに戦闘を長引かせ被害を拡大したマクシミリアンの方は憎まずにいられなかった。それが証拠に、銃殺に際してマクシミリアンは射手に金貨を渡し、顔は撃たないでくれと懇願したのだが、その顔が集中的に狙われたという。また今でもメキシコではマクシミリアンは皇帝とは認められていない。彼はあくまでオーストリアの大公として処刑されたのだった。

前章で書いたように、このマクシミリアンの死を皮切りに、フランツ・ヨーゼフには次々身内の死が襲いかかった。

そしてついに彼自身がスローモーションで倒れるように時間をかけてみまかると、ハプスブルク王朝は事実上崩壊する。形式上は、しかしもうひとりの皇帝カール一世が生まれた。フランツ・ヨーゼフの甥の息子で、第一次世界大戦中に帝位につき、終戦とともにそこを追われた（スイスへ亡命し、後、流刑地マディラ島にて三十五歳で病死）。

六五〇年近く続いたハプスブルク王朝も、終われば早かった。チェコもハンガリーも独立し、新たに生まれたオーストリア共和国は、今の形に、即ち小国に成り下がる。領土はかつての八分の一に、人口は九分の一に。

主要参考文献

Allgemeine Deutsche Biographie (ADB[Bd.1~56]), Dunker&Humboldt/ Berlin, 1967

Der Treppenwitz der Weltgeschichte, William Lewis Hertslet, Haude & Spenersche Verlagsbuchhandlunng/ Berlin, 1882

Die Habsburger, Ein biographisches Lexikon, Wien, 1988

Geschichte der habsburgischen Macht, Georg Stadtmuller, 1966

Neue Deutsche Biograhpie, Dunker&Humboldt/ Berlin, 1971

What Great Paintings Say, Rose-Marie & Rainer Hagen, Taschen, 2003

『イメージ・シンボル事典』アト・ド・フリース／山下主一郎監訳、大修館、一九八四年

『西洋美術解読事典』ジェイムズ・ホール／高階秀爾訳、河出書房新社、一九八八年

『世界・名画の謎』ロバート・カミング／冨田章他訳、ゆまに書房、二〇〇〇年

『ネーデルランド旅日記』デューラー／前川誠郎訳、岩波書店、二〇〇七年

『ハプスブルク家』菊池良生、ナツメ社、二〇〇八年

『ハプスブルク家史話』江村洋、東洋書林、二〇〇四年

『ハプスブルク帝国』加藤雅彦、河出書房新社、一九九五年
『ハプスブルク一千年』中丸明、新潮社、二〇〇一年
『ハプスブルクをつくった男』菊池良生、講談社、二〇〇四年
『変身物語（下）』オウィディウス／中村善也訳、岩波書店、一九八四年
『マリー・アントワネット』ツヴァイク／中野京子訳、角川書店、二〇〇七年
『マリー・ルイーゼ』塚本哲也、文藝春秋、二〇〇六年
『傭兵の二千年史』菊池良生、講談社、二〇〇二年

あとがき

ハプスブルク帝国についての書物は日本でもたくさん出ていますが、名画にのみ焦点をあてた点描画風の読み物はこれが初めてではないかと、少々自負しております。西洋史は苦手という人でも、絵の吸引力で敷居の低さを感じてもらえれば嬉しいです。

わたしにとっては『怖い絵』に続く絵画関連であり、とても楽しく仕事ができました！　なにしろハプスブルクの人々は強烈に個性的で破天荒、たとえ運命の非情さに叩き潰されるとわかっていても、あくまで自分らしく戦い続け、破滅するにしても派手なこと、この上ないのですから。

歴史はやはり人物の面白さに尽きる、と改めて思いました。

とりわけ仇役のスケールが大きいと、主人公の輝きもいっそう増すというもので、フリードリヒ大王に散々な目にあわされたからこそマリア・テレジアの辣腕ぶりがわかるし、エリザベス一世との死闘・暗闘のくり返しからフェリペ二世の政治力が測れる、といった具合。そして個人的に大いに魅了されたのは、このフェリペ二世です。

ティツィアーノ描く肖像の静かな佇《たたず》まいといい、複雑きわまりない内面性といい、ヨーロッパ史への喰い込みの深さという点においても、とにかく存在感抜群の上、やることなすこと実に実に興味深い。紙数が許せば、メアリ・スチュアートとの関係や異端審問、またスペイン無敵艦隊について（イギリスに敗れたことも含めて）、もっと詳しく書きたかった。いつか彼の全体像を描ける日がくるといいのですが……。

本書の執筆にあたっては、担当編集者の山川江美さんとの二人三脚でした。テーマや方向性にアドヴァイスいただき、折々の感想で励ましてもらうなど、たいへんお世話になりました。この場を借りてお礼を申し上げます。

中野　京子

１８２１	ナポレオン、流刑地セント・ヘレナ島で死去。
１８３２	ナポレオン二世（ライヒシュタット公）、死去。
１８４８	フランツ・ヨーゼフ即位。
１８５２	メンツェル『フリードリヒ大王のフルート・コンサート』（第８章）。
１８５４	フランツ・ヨーゼフとエリザベート結婚。
１８６５	ヴィンターハルター『エリザベート皇后』（第11章）。
１８６７	オーストリア・ハンガリー二重帝国成立。 メキシコ皇帝マクシミリアン処刑。
１８６８	マネ『マクシミリアンの処刑』（第12章）。
１８７１	ドイツ帝国成立。
１８７７	プラディーリャ『狂女フアナ』（第２章）。
１８８９	フランツ・ヨーゼフの嫡男ルドルフ、心中による死。
１８９８	エリザベート皇后、暗殺。
１９１４	サラエヴォ事件（フェルディナント皇太子夫妻、暗殺）。 第一次世界大戦勃発（～１９１８）。
１９１６	フランツ・ヨーゼフ死去。カール一世即位。
１９１８	カール一世退位。オーストリア・ハンガリー二重帝国解体。 オーストリア共和国成立。
１９２２	カール一世、流刑地マディラ島で死去。

１５８０	フェリペ二世、ポルトガル王を兼ねる。海外植民地、さらに拡大。
１５８１	オランダ、スペインから独立宣言。
１５８２	天正遣欧使節団派遣。
１５８３	ルドルフ二世、ウィーンからプラハに遷都。
1586頃	エル・グレコ『オルガス伯の埋葬』（第５章）。
１５８８	アルマダ海戦（スペイン無敵艦隊、イギリスに敗北）。
1591頃	アルチンボルド『ウェルトゥムヌスとしてのルドルフ二世』（第７章）。
１５９８	フェリペ二世、死去。
１６１２	ルドルフ二世、死去。
１６１８	三十年戦争勃発（～１６４８）。
１６５６	ベラスケス『ラス・メニーナス』（第６章）。
１６８３	オスマン・トルコによる第二次ウィーン包囲。
１７００	カルロス二世、死去。スペイン・ハプスブルク家断絶。
１７０１	スペイン継承戦争勃発（～１７１３）。
１７４０	カール六世の死去により、マリア・テレジア相続。 プロイセン、シュレージエン侵略。オーストリア継承戦争勃発（～１７４８）。
１７７０	マリー・アントワネットとフランス王太子（後のルイ十六世）結婚。
１７８０	マリア・テレジア、死去。
１７８７	ヴィジェ＝ルブラン『マリー・アントワネットと子どもたち』（第９章）。
１７８９	フランス革命勃発。
１７９３	マリー・アントワネット処刑。
１８０５	ナポレオン、ウィーン入城。
１８０６	神聖ローマ帝国、解体。フランツ二世、オーストリア皇帝フランツ一世となる。
１８１０	マリー・ルイーズとナポレオンの結婚。
１８１３	ナポレオン、エルバ島に流される（１８１５年に脱出）。
１８１８	ローレンス『ローマ王（ライヒシュタット公）』（第10章）。

【年表（本文に関連した事項のみ）】

1273	ハプスブルク家のルドルフ一世、ドイツ王に選出される。
1278	マルヒフェルトの戦い（ルドルフ一世、ボヘミア王オットカル二世に勝利）。
1291	ルドルフ一世、死去。
1477	フリードリヒ三世、嫡男マクシミリアンをブルグント公女マリアと結婚させる。
1486	マクシミリアン一世、即位。
1493	フリードリヒ三世、死去。
1496	マクシミリアン一世、嫡男フィリップ美公をスペイン王女フアナと結婚させる。
1506	フィリップ美公、死去。
1516	マクシミリアン一世の孫カールがスペイン王位を継承し、カルロス一世となる。
1519	マクシミリアン一世、死去。 カルロス一世が神聖ローマ皇帝に即位（カール五世を兼ねる）。デューラー『マクシミリアン一世』（第１章）。
1527	ローマ略奪。
1529	オスマン・トルコによる第一次ウィーン包囲。
1533	スペインのピサロ、ペルーのインカ帝国を滅亡させる。
1547	ミュールベルクの戦い（カール五世、プロテスタント軍に勝利）。
1548	ティツィアーノ『カール五世騎馬像』（第３章）。
1551頃	ティツィアーノ『軍服姿のフェリペ皇太子』（第４章）。
1555	フアナ、死去。
1556	カール五世の引退により、ハプスブルク帝国はオーストリア系とスペイン系に分離（前者は弟のフェルディナント一世、後者は嫡男のフェリペ二世が即位）。
1558	カール五世、死去。
1576	ルドルフ二世、神聖ローマ皇帝に即位。

【本書で取り上げた画家（生年順）プロフィール】

デューラー（1471～1528）ドイツ・ルネサンス最大の巨匠。版画作品の傑作も多い。『四人の使徒』『メランコリア』

ティツィアーノ（1488？～1576）イタリア・ヴェネツィア派最大の画家。華麗な色彩とのびやかな画風。多作。『聖母被昇天』『田園の合奏』

アルチンボルド（1527？～1593）イタリア・マニエリスムの画家。二十世紀のシュルレアリストに再評価される。『水』『火』

エル・グレコ（1541～1614）ギリシャ生まれのスペイン画家。時代を超越した独特の個性で知られる。『トレド風景』『ラオコーン』

ベラスケス（1599～1660）スペインの代表的画家。晩年の技法は印象派の先駆とされる。『教皇インノケンティウス十世』『マルガリータ王女』

ヴィジェ＝ルブラン（1755～1842）フランスの女性人気肖像画家。アントワネットの肖像は20枚以上も描いたといわれる。

ローレンス（1769～1830）イギリスの人気肖像画家。『シャーロット王妃像』『ウェリントン侯爵像』

ヴィンターハルター（1805～1873）ドイツ生まれだがパリ在住。イギリスのヴィクトリア女王お気に入りの肖像画家として知られる。

メンツェル（1815～1905）ドイツ・リアリズムの画家。フリードリヒ大王の歴史画連作で知られる。

マネ（1832～1883）フランス近代絵画の父と言われる。『草上の昼食』『オランピア』

プラディーリャ（1848～1921）スペインの画家。プラド美術館館長も務める。『グラナダ開城』

○画像提供
Alamy Images
PPS 通信社
フォトライブラリー
Harvard University Art Museums Imaging Department

p.36-37、p.75：Erich Lessing ／ PPS 通信社
p.63、p.111、p.138-139、p.161、p.175、p.176：
The London Art Archive ／ Alamy
p.114：INTERFOTO Pressebildagentur ／ Alamy
p.122-123：AKG ／ PPS 通信社
p.154-155：© President and fellows of Harvard College
p.157：The Print Collector ／ Alamy

○参考地図
加藤雅彦『ハプスブルク帝国』p.10、p.18
The Cambridge Modern History Atlas, Sir Adolphus William Ward, G.W. Prothero, Sir Stanley Mordaunt Leathes, and E.A. Benians ed., Cambridge University Press, London, 1912

○章扉レイアウト
スタジオ・キキ

○ p.10、p.14、p.53図版制作
デザイン・プレイス・デマンド

中野京子（なかのきょうこ）
北海道生まれ。早稲田大学講師。専門はドイツ文学・西洋文化史。著書に『怖い絵』『怖い絵2』（以上、朝日出版社）、『危険な世界史』（角川書店）、『オペラでたのしむ名作文学』『メンデルスゾーンとアンデルセン』（以上、さ・え・ら書房）、『情熱の女流「昆虫画家」』（講談社）、『恋に死す』（清流出版）、『オペラ・ギャラリー50』（共著、学習研究社）など、訳書にツヴァイク『マリー・アントワネット上・下』（角川文庫）などがある。朝日新聞ブログ〈ベルばらKidsぷらざ〉にて歴史エッセー「世界史レッスン」を連載中。著者ブログは「花つむひとの部屋」。
http://blog.goo.ne.jp/hanatumi2006

名画《めいが》で読《よ》み解《と》く　ハプスブルク家《け》　12の物語《ものがたり》

2008年8月15日初版1刷発行
2008年9月30日　　4刷発行

著　者 ― 中野京子
発行者 ― 古谷俊勝
装　幀 ― アラン・チャン
印刷所 ― 萩原印刷
製本所 ― ナショナル製本
発行所 ― 株式会社 光文社
東京都文京区音羽1-16-6（〒112-8011）
http://www.kobunsha.com/
電　話 ― 編集部03(5395)8289　販売部03(5395)8114
業務部03(5395)8125
メール ― sinsyo@kobunsha.com

ISBN 978-4-334-03469-6

096
漢字三昧
阿辻哲次

嬲、嫐、嬰、劦……これらの奇字・難字は何を意味するのか？　漢字研究の第一人者が、三千年超の歴史と八万字超の字数を誇る漢字の魅力と謎を解き明かす。凄まじいほどの知的興奮をあなたに。

242
漢文の素養
誰が日本文化をつくったのか？
加藤徹

かつて漢文は政治・外交にも利用された日本人の教養の大動脈だった。古代からの日本をその「漢文」からひもとき、この国のかたちがどのように築かれてきたのかを明らかにする。

310
女ことばはどこへ消えたか？
小林千草

一〇〇年前の『三四郎』から、江戸時代の『浮世風呂』、室町時代の女房ことばまで、女性たちのことばの変化を、時代をさかのぼり詳細に検証する。真に「女らしい」ことばとは。

319
『カラマーゾフの兄弟』続編を空想する
亀山郁夫

世界最大の文学は未完だった。もし「第二の小説」がありえたら、ドストエフスキーは何をそこに描いたか？　作家の精神と思想をたどり、空想する、新しい文学の試みである。

321
心にしみる四字熟語
円満字二郎

人生訓？　処世訓？　それだけが四字熟語？　漱石は、太宰は、鷗外は、芥川は、どの場面で、どのように四字熟語を使ったのか――。小説の中の四字熟語を読む、新しい試み。

329
謎とき　村上春樹
石原千秋

主人公の「僕」たちは、何を探し続けているのか――。小説に隠された「謎」を追い、ムラカミ作品の新しい魅力を探る。『ノルウェイの森』他4作の画期的読み方。

352
訓読みのはなし
漢字文化圏の中の日本語
笹原宏之

「戦く」から「お腹」「凹む」、さらに「GW」や、絵文字まで全て「訓読み」が可能。かくも幅広い訓読みの世界を具体例とともに見てゆき、日本語の面白さを「再発見」する。

光文社新書

147
絵を描く悦び
千住博の美術の授業
千住博

一番大事なのは「何を描かないか」——世界で評価が高まり続ける日本画家である著者初めての書下ろし。美術のみならず芸術を志すすべての人のための芸術原論。

183
美は時を超える
千住博の美術の授業Ⅱ
千住博

アルタミラの洞窟画から、モネ、水墨画、良寛・芭蕉、メトロポリタン美術館、ウォーホル、現代美術まで——時空を超えて美の本質をさぐる。二一世紀に生きるための芸術論。

234
20世紀絵画
モダニズム美術史を問い直す
宮下誠

20世紀に描かれた絵画は、それ以前の絵画が思いもしなかった無数の認識をその背景に持っている。「具象／抽象」「わかる／わからない」の二元論に別れを告げる新しい美術史。

272
20世紀音楽
クラシックの運命
宮下誠

20世紀は、「わかって」「楽しくて」「おもしろい」音楽を多数生み出してきた。ヴァークナーからジョン・アダムズまで。流れを俯瞰し、その展開と特質を描き出す。

335
ゲルニカ
ピカソが描いた不安と予感
宮下誠

七〇年前に描かれた作品が、現代においても輝きを増すのはなぜか——。二〇世紀西洋美術最大の「問題作」の魅力を、豊富な図版を用いて様々な角度から検証し直す刺激的論考。

287
食べる西洋美術史
「最後の晩餐」から読む
宮下規久朗

孤独だったウォーホルは、なぜ遺作に《最後の晩餐》を選んだのか——。キリスト教に裏打ちされた食事の美術を概観し、その意味を考え、西洋美術史を別の角度から照らし出す。

342
日本の美意識
宮元健次

美は「滅び」にあり——。西行の歌、世阿弥の能、利休の茶、芭蕉の俳句、西欧文化……。「優美」から「侘び・さび」「かわいい」まで、日本の美の潮流を俯瞰し、その展開を読む。